普通高等教育汽车制造与装配技术专业规划教材

汽 车 总 装

主　编	李秋艳　范家春
副主编	李志华
参　编	陈恩辉　施年军　钟博宇
	邹喜红　王　真
主　审	阳小良

机 械 工 业 出 版 社

本书根据现代汽车制造与装配专业教学以及企业岗位一线的技能要求由校企双方联合编写。全书内容共7章：汽车总装概述、总装基本技能训练、总装生产与检测工艺、总装设备、总装质量管理、总装物流管理、总装生产安全事项。

本书在传统汽车总装教材的基础上增加了总装生产安全事项，强调了企业生产的安全要求。

本书既可以作为普通高等教育汽车制造与装配技术专业的教材，也可以作为汽车生产企业内部培训资料，还可以作为汽车生产技术人员的参考书。

图书在版编目（CIP）数据

汽车总装 / 李秋艳，范家春主编. —北京：机械工业出版社，2014.11（2026.1 重印）
普通高等教育汽车制造与装配技术专业规划教材
ISBN 978-7-111-48161-4

Ⅰ.①汽…　Ⅱ.①李…　②范…　Ⅲ.①汽车–装配（机械）–高等职业教育–教材　Ⅳ.①U463

中国版本图书馆 CIP 数据核字（2014）第 228178 号

机械工业出版社（北京市百万庄大街22号　邮政编码100037）
策划编辑：徐　巍　责任编辑：徐　巍　张丹丹
版式设计：赵颖喆　责任校对：张　薇
封面设计：鞠　杨　责任印制：刘　媛
北京富资园科技发展有限公司印刷
2026 年 1 月第 1 版第 8 次印刷
184mm×260mm · 10.5 印张 · 246 千字
标准书号：ISBN 978-7-111-48161-4
定价：29.90 元

电话服务　　　　　　　　　　网络服务
客服电话：010-88361066　　机 工 官 网：www.cmpbook.com
　　　　　010-88379833　　机 工 官 博：weibo.com/cmp1952
　　　　　010-68326294　　金 书 网：www.golden-book.com
封底无防伪标均为盗版　　机工教育服务网：www.cmpedu.com

汽车制造与装配技术专业规划教材
编 委 会

编委会主任　　蒋　平

编委会编委　　（以姓氏笔画为序）

王　宁　　王永华　　丑振江　　卢雨萱　　叶蓉燕　　田　佳　　白鸿辉

冯　韬　　伍岳林　　刘习成　　刘福尚　　李　鑫　　李志华　　李秋艳

杨志红　　肖良师　　吴桥平　　张　旭　　张梅兰　　陈　烨　　陈秀华

邵　枫　　范家春　　欧阳波仪　罗文智　　季　杰　　赵　刚　　胡　尧

胡元庆　　胡梓汲　　姚博瀚　　徐　巍　　徐梅宣　　高　晖　　郭北洋

唐　娟　　黄智雄　　曹　勇　　戚叔林　　董烈锋　　曾　嵘　　曾新明

廖　兵　　廖向阳　　戴清桥

汽车制造与装配技术专业规划教材
专 家 委 员 会

专家委员会主任　　钟志华

专家委员会委员　　（以姓氏笔画为序）

阳小良　　李立斌　　陈秀深　　陈建伟　　陈维礼　　范家春

林振清　　胡光辉　　姚小刚　　龚孟贤　　董烈锋　　蒋　平

进入 21 世纪以来，我国汽车产业高速发展，形成了多品种、全系列的各类整车和零部件生产及配套体系，产业集中度不断提高，产品技术水平明显提升，已经成为世界汽车生产大国。以 2009 年中国汽车工业产销量登顶全球第一为标志，中国汽车工业无可争议地完成了从小到大的转变。

在过去十年，中国汽车市场蓬勃发展，从 2004 年产销量双超 500 万辆，到 2013 年产销量双超 2100 万辆，产销量已连续五年保持世界第一。

中国汽车行业正在通过加快结构调整，增强自主创新能力，推动产业升级，迎接新的挑战。汽车的大工业生产方式从生产流水线方式转为汽车平台式生产和"模块化"生产方式，生产组织方式柔性化。汽车零部件设计开发逐步向模块化、通用化方向发展，全球采购也成为发展趋势。

在发达国家，由于市场竞争的不断加剧，客户不断增加的个性化需求，各大汽车企业为了满足市场需要，在市场竞争中立于不败之地，纷纷对生产模式作出相应的优化和调整，以丰田、福特、大众、菲亚特等比较大的生产厂商为首，逐渐由按库存生产转向按订单生产。同时，各大汽车企业也都调整了生产管理模式，即在车身进入总装之前都可以调整订单，这样就可以极大地满足市场及生产的柔性要求。

随着全球化买方市场的逐渐形成，企业所面临的竞争日趋激烈，经济活动的步伐越来越快，客户对时间方面的要求越来越高。这一变化的直接反映就是竞争主要因素的变化。20 世纪初期，企业间竞争的主要因素是成本，通过大批量生产来降低成本是那个年代应对竞争的主要方法。到 20 世纪中期，竞争的主要因素变为质量，通过精益生产方式来削减浪费提高质量成为那个年代企业管理的潮流。进入 21 世纪以后，企业的主要竞争因素变为时间。在客户需要的时候提供正确的产品成为竞争力的关键因素。这要求汽车的制造系统能够在客户需求驱动下柔性地组织生产过程并快速地响应客户需求，即所谓的定制化批量生产，同时要降低多样化成本。信息技术在生产排产、订单执行、自动叫料、质量追溯、防止装配错误和车辆状态跟踪等领域的广泛应用，使得汽车能够在客户订单驱动下进行快速、高质量和低成本的生产。

汽车的制造方式从最初的单辆手工生产，到大批量生产，再到精益生产，经历了几个阶段的不断进化。在过去的十多年，精益生产方式所倡导的零库存、零浪费、零缺陷，通过准时制生产（JIT）、生产线均衡化设计、全面质量管理、全员参与和持续改善等手段将汽车的生产制造时间大大缩短。

从客户的角度出发，汽车企业的供应链管理必须能够准确地把握各种类型的客户需求

（预测、意向、线索、商机、订单），并在正确的时间开始以正确的数量、正确的质量和正确的成本组织生产正确的产品，并交付到正确的地点。汽车企业不得不在生产多样化产品的同时，实现供应链的高质量、低成本和快速反应。这对汽车企业的供应链管理提出了严峻的挑战。

随着汽车的普及，人们对汽车的了解越来越多，汽车客户会越来越关注汽车的技术及性能指标，例如：汽车的碰撞性能、油耗、转向功能（电子转向还是液压转向）、制动系统功能、安全系统功能，以及方便性功能，如导航、USB、胎压系统、智能钥匙等。这使得汽车企业的竞争从售价竞争到造型和内外饰的感官竞争逐步向技术性竞争发展。

汽车工业已经成为中国经济发展的重要支撑，为社会开辟了广泛的就业市场，汽车类专业也日益成为热门，特别是职业院校的汽车类专业在近年飞速发展。

然而，职业教育作为汽车应用型人才培养的主体仍处于发展初期，汽车应用型人才的供需矛盾日益凸显，特别在专业知识与技能的掌握上，企业希望能找到具备实用性专业知识与技能的员工，而学校现有的汽车制造与装配技术专业教材还停留在介绍汽车生产流水线技术等内容层面上，满足不了汽车制造企业对职业岗位群的需要。

本丛书编写的出发点就是缓解这一矛盾，希望能提供汽车行业系统的实用性知识与技能，将企业所需的部分专业知识、技能的培训过程延伸到学校，为汽车行业培养更多符合实际需要的人才。

本丛书是在广泛而深度调研的基础上，以中国高等职业技术教育研究会"十二五"规划课题"职业院校汽车类专业校企合作专业建设模式研究"（课题编号 GZYGH2011016）为依托，结合企业运作与学生特点编写而成的实用性教材，书中大量知识与技能均来源于企业，其编写方式也充分考虑了职业院校学生的知识背景和学习特点，便于教师授课，实现学生"愿学、易学、实用"的目标。

本丛书不但包含了汽车产品类教材，同时也包含了从采购、制造、销售到管理的整个汽车产业链相关教材，具体如下：

产品类：《汽车品牌文化》《汽车构造》《汽车电器》

采购类：《汽车零部件供应商管理》

制造类：《汽车冲压》《汽车焊装》《汽车涂装》《汽车总装》《发动机及关键零部件制造技术》

营销类：《汽车营销》

管理类：《汽车制造物流与供应链管理》《汽车制造安全管理》《汽车生产中的 IT 技术》《汽车制造质量管理》

本丛书由机械工业出版社规划，采取了职教专家、行业专家、出版社编辑"三位一体"结合的模式，编委会成员来自我国主流汽车企业和汽车院校。

本丛书的特点：

（1）校企人员合作编写，贴合企业的实际岗位需求。

（2）部分教材以情景模式导入，设定的情景多来自企业一线以及教学一线的真实案例。

（3）具有现实性、超前性，强调理论知识与企业实际需要的结合，有极强的针对性。

相信本丛书的出版将对我国汽车类职业教育的发展作出积极的贡献，为我国汽车行业应用型人才的培养作出有益的探索。由于编者经历与水平有限，相关内容还存在不足之处，我们衷心期待各位读者、同仁批评指正，以便再版时修正。

普通高等教育汽车制造与装配技术专业规划教材编委会

前　言

　　随着汽车工业的迅速发展以及消费者对汽车产品质量的要求不断提高，汽车企业对汽车制造与装配技术专业的高素质人才的需求量越来越大，普通高等院校的毕业生是很好的人才补充。以前的《汽车总装》教材理论性较强，实践较弱，为了弥补这个不足，本书采用校企人员联合编写，较好地实现了理论够用且实践性强的目标，贴合企业的实际岗位需求。

　　本书以情景模式导入，设定的情景多来自于企业一线以及教学一线的真实案例，起到了很好的导入作用。本书要求学生能够对汽车整车和部件进行装配和调整，能够对汽车整车和部件装配调整设备进行日常维护与保养，能够进行装配质量自检和掌握整车评价的相关知识。充分体现了教学过程的职业性、实践性和开放性的要求。

　　本书内容包括汽车总装概述、总装基本技能训练、总装生产与检测工艺、总装设备、总装质量管理、总装物流管理、总装生产安全事项共7章。本书内容丰富，紧贴市场，重在应用。结合企业具体工作流程，具有很强的可操作性。

　　本书由李秋艳、范家春担任主编，由阳小良担任主审。陈恩辉参与第2章编写；李志华参与第3章编写；施年军参与第4章编写；钟博宇参与第5章编写；邹喜红参与第6章编写；王真参与第7章编写。李秋艳编写第1章并参与所有章节编写，范家春参与所有章节统筹编写。

　　通过本书的学习，可使学员熟悉汽车制造与装配的工艺流程、汽车装配的各种设备，掌握各种装配工具的使用方法，熟悉制造与装配的检测工艺，了解生产制造的质量管理、物流管理以及安全生产的各项内容，为以后的汽车制造与装配工作打下良好的基础，为以后的技术管理做好准备。本书既可作为汽车制造与装配技术专业的教材，也可作为企业内部的培训资料，还可以作为汽车生产技术人员的参考书。限于编者水平有限，书中难免有疏漏之处，敬请专家和读者指正。

编　者

目　　录

第1章
汽车总装概述

学习目标 ▶

通过本学习情景的学习，你将做到：

1）掌握汽车装配过程中的主要内容。

2）掌握汽车装配中的生产组织形式和装配方法。

3）掌握汽车总装的流程及技术要求。

情景描述 ▶

本情景来自于某高校汽车制造与装配技术专业的新生见面会。新学期开始了，为了向新生介绍本校情况、本专业情况以及本专业教研室教师组成情况，学校特别安排了本次汽车制造与装配技术专业教研室全体老师与全体新生的见面会。本次会议首先介绍了本校的基本情况，针对本专业的情况请同学们按照自己的理解解释一下在本专业学习后将来干什么事。

学生甲：老师好，同学们好，我是来自湖南新化的，我认为汽车制造与装配技术专业就是做汽车的。

（下面一阵笑声）

学生乙：我家里是做汽车维修的，我不知道这个专业毕业后可不可以从事汽车维修？

学生丙：老师，我知道，汽车装配就是拧螺丝（螺钉旋具）的，很简单。

学生丁：老师们好，我觉得汽车装配就是把做好的一个个零件组装起来成为一台汽车，就像小时候玩的积木一样。

任务：请同学们根据以上情景，以小组为单位，学习和讨论你对汽车总装的理解，并且完成以下任务：

1）请说出汽车装配的定义；

2）请说出汽车装配的具体工作流程；

3）请说出汽车总装的具体技术要求。

相关知识 ▶

想一想：

1）装配的定义是什么？

2）什么是汽车装配的主要内容？

3）汽车产品装配的生产组织形式是怎样的？

4）汽车总装的流程是怎样的？

5）什么是汽车总装的技术要求？

汽车的发展与汽车的设计、制造与装配、运用和维护技术的发展是密不可分的。本书主要介绍汽车制造与装配相关知识，目前的汽车制造与装配主要表现在采用特种加工方法和特种加工工艺，采用高效和高柔性化的自动化设备，汽车零部件的加工质量和装配速度得到空前提高，这样可以满足订单式汽车生产的要求。

1.1 汽车装配的定义及主要内容

机器或产品，生产的最后一道工序必定是装配（包括检测和调整），否则各种零件无法集结而发挥应有的功能。

汽车装配作为汽车生产的最后一个阶段，装配质量的好坏对汽车的使用性能和使用寿命影响很大。如果装配不当，即使所有的零部件都合格，也难以获得符合质量要求的产品。在汽车生产阶段，由于装配所花费的劳动量很大，占用的时间很多，对整个汽车生产任务的完成、劳动生产率的提高、产品成本和资金周转等都有直接影响。特别是近些年来在毛坯制造和机械加工方面已实现了高度的机械化和自动化，产品成本不断降低，装配工作在整个汽车制造过程中所占劳动量和成本的比重越来越大。因此，不断提高装配工作的技术水平和劳动生产率对整个汽车工业的发展影响非常大。

1.1.1 汽车装配的定义

1. 汽车总装车间的特点

汽车总装作为最后一道工艺，对汽车的质量起到至关重要的作用。总体来讲，目前汽车总装车间基本上具备下列特点：

1）厂房的空间利用率高。

2）物流的配送时间短，配送距离短；大件零件同步物流；台套制供货，有效防止错漏装。

3）安全环保方面，采用 Profinet（是新一代基于工业以太网技术的自动化总线标准）安全现场总线；流水线低噪声、低污染。

4）大量采用电动工具，可以有效地保证紧固力矩。

5）采用柔性合车，实现占地面积小、多节拍、多车型混流生产。

6）加注设备采用三合一加注机，中央管道供液，节省线边物流面积，如图 1-1 所示。

7）采用集成诊断模式，实现全面系统的 ECU 模块检查、平台化的检查终端，易于新车型改造。

图 1-1 三合一加注机

8）采用 UTE 系统，可以实现集数据传输、质量控制、零件追溯、可视化装灯于一体的网络。

9）管理概念方面，减少一切浪费和低效，打造世界级先进工厂。

2. 汽车装配工艺的特点

所谓汽车装配过程，就是按既定顺序，把已加工好的零件连接起来的工序的总和，以期求得完全符合规定技术要求的机构或机器。按装配过程的程度不同分为组装、部装和总装。其中，零件与零件的组合过程称为组装，其成品为组件。零件与组件的组合过程称为部装，其成品为部件，而零件、组件和部件的组合过程称为总装，其成品为机器或产品。

由于汽车构造复杂，零部件及总成繁多，因而汽车总装配工作非常复杂，它除了具备装配所共有的地位和作用外，还有以下特点：

1）联接方式多样。汽车总装配中的联接，一般情况下除了焊接方式外，其他联接方式几乎都有。但最多的联接是可拆式固定联接和可拆式活动联接，即螺纹联接、键联接、销联接。

2）装配工作以手工作业为主。汽车的品种、数量繁多，装配关系复杂，装配位置多样，采用自动化作业的方式很难实现，由此决定了它仍以手工作业为主。

3）大批量生产。一般来说，一个汽车制造厂的汽车年产量应在几十万辆以上。而通常认为建设一个轿车厂的经济规模为年产量 15 万辆以上。所以汽车制造厂是技术密集型、资金密集型的大批量生产的企业，汽车总装配具有现代化企业大批量生产的特点，它是人与机、技术与管理的有机结合，是汽车制造厂展现先进技术和管理水平的"窗口"。

想 一 想 ▶

汽车是怎么从零件变成成品的。

1.1.2　汽车装配工作的主要内容

汽车装配工作的内容很多，主要包括以下几个方面：

1. 清洗

清洗主要是为了保证和提高装配质量，延长产品的使用寿命。进入装配的零件必须先进行清洗，以除去在制造、储存、运输过程中所粘附的切屑、油脂、灰尘等。部件或总成在运转磨合后也要清洗。清洗的方法主要是靠合理选用清洗液、清洗方法及工艺参数。零件在清洗后，应具有一定的防锈能力。图 1-2 所示为发动机曲轴清洗机。

2. 平衡

装配过程中有很多的高速旋转件，

图 1-2　发动机曲轴清洗机

如带轮、飞轮、曲轴、传动轴、轮胎总成等，装配后一定要进行平衡。特别是对于转速高、运转平稳性要求高的机器，对其零、部件的平衡要求更为严格，平衡工作更为重要。旋转体的平衡方式有两种：静平衡和动平衡。对于盘状旋转体零件，如飞轮，一般只进行静平衡。对于长度方向尺寸大的零件，如曲轴、传动轴等，必须进行动平衡。图1-3所示为轮胎动平衡试验仪。

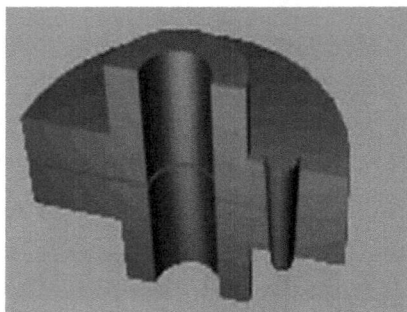

3. 过盈连接

机器中的轴孔配合，如轴承和轴的连接，有很多需要采用过盈连接。对于过盈连接件，在装配前应保持配合表面的清洁。常用的过盈连接方法有压入法和热胀（或冷缩）法。压入法是在常温下将工件以一定压力压入装配，有时会把配合表面微观不平度表面挤平，影响过盈量。压入法适用于过盈量不大和要求不高的情况，需要专门的压入工具。重要的精密机械以及过盈量较大的连接，常用热胀（或冷缩）法，即装配前加热孔件或冷缩轴件，使过盈量减少或有间隙，然后进行装配的方法。图1-4所示为销联接过盈连接。

图1-3　轮胎动平衡试验仪

图1-4　销联接过盈连接

4. 螺纹联接

螺纹联接在汽车装配中被广泛采用。对螺纹联接的要求是：

1）螺栓杆部不产生弯曲变形，螺栓头部、螺纹底面与被联接件接触良好。

2）被联接件应均匀受压，互相紧密贴合，联接牢固。

3）根据被联接件形状、螺栓的分布情况，按一定顺序逐次（一般为2～3次）拧紧螺母。

螺纹联接的质量除受有关零件的加工精度影响外，还与装配技术有很大的关系。如拧紧的次序不对、施力不均，零件将产生变形，降低装配精度，造成漏油、漏气、漏水等现象。运动部件上的螺纹联接，若拧紧力达不到规定数值，运动时将会产生松动，影响装配质量，严重时会造成事故。因此，重要的螺纹联接，必须规定拧紧力并达到拧紧力的要求。图1-5所示为两种螺纹联接方式。

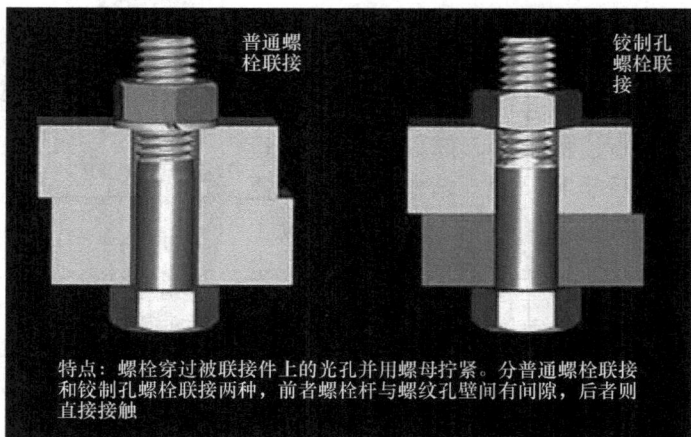

普通螺栓联接

铰制孔螺栓联接

特点：螺栓穿过被联接件上的光孔并用螺母拧紧。分普通螺栓联接和铰制孔螺栓联接两种，前者螺栓杆与螺纹孔壁间有间隙，后者则直接接触

图1-5　螺纹联接

5. 粘接

粘接的方法在汽车装配过程中应用也不少，内饰件中衬垫、隔声材料、车门内装饰护板，外饰件中风窗玻璃、车灯、标志等，都需要采用粘接的方法。粘接方法是：小件预先在车身上涂粘接剂，大件则在需要装配的零件上直接涂粘接剂，所使用的设备主要由高压空气泵、储胶罐、管子、喷枪等组成。其中风窗玻璃装配的好坏直接影响着整车的密封。图 1-6 所示为前风窗玻璃的粘接。

图 1-6　前风窗玻璃的粘接

6. 充注

充注工艺主要是指在装配时要注入发动机机油、变速器齿轮油、散热器冷却液、制动液、动力转向液压油、空调制冷剂、风窗玻璃洗涤液、燃油等各种汽车运行材料。发动机机油、变速器齿轮油、后桥齿轮油、动力转向液压油、制动液等油液设专门的液体库，并通过泵及管路供至加注点，由定量加注装置定量加注。燃油在厂房外设地下油库，并配有远距离供油系统，采用自动定量加注机加注。在轿车装配中，我国已普遍采用具有抽真空、自动检漏、自动定量加注等功能的加注机，以保证加注质量。

7. 校正调试

所谓校正，是指各零部件本身或相互之间位置的找正工作，而调整工作也是装配时常常要做的，主要是指装配作业尤其是流水作业，由于各种原因导致在线上零件没装配到位，只能到线下或适当的工位进行调整处理。

除上述装配工作的基本内容外，部件或总成以至整个产品装配中和装配后的检验、试运转、涂装、包装等也属于装配工作。在编制装配工艺时，应充分考虑并予以安排。

想 一 想 ▶

关于联接你还记得吗？

1.1.3　装配生产的组织形式

根据生产批量的不同，机电产品的装配大致可分为三种类型：大批大量生产、成批生产和单件小批生产。机电产品的生产类型与其装配工作的特点见表 1-1。

表 1-1　机电产品的生产类型与其装配工作的特点

生产类型	大批大量生产	成批生产	单件小批生产
基本特性	产品固定，生产活动长期重复，生产周期一般较短	产品在系列化范围内变动，分批交替投产或多品种同时投产，生产活动在一定时期内重复	产品经常变换，不定期重复生产，生产周期一般较长

（续）

生产类型		大批大量生产	成批生产	单件小批生产
装配工作特点	组织形式	多采用流水装配线；有连续移动、间歇移动及可变节奏等移动方式，还可采用自动装配机或自动装配线	笨重、批量不大的产品多采用固定流水装配，批量较大时采用流水装配，多品种平行投产时多品种可变节奏流水装配	多采用固定装配或固定式流水装配进行总装，同时对批量较大的部件亦可采用流水装配
	装配工艺方法	按互换法装配，允许有少量简单的调整，精密偶件成对供应或分组供应装配，无任何修配工作	主要采用互换法，但灵活运用其他保证装配精度的装配工艺方法，如调整法、修配法及合并法，以节约加工费用	以修配法及调整法为主，互换件比例较少
	工艺过程	工艺过程划分很细，力求达到高度的均衡性	工艺过程的划分须适合于批量的大小，尽量使生产均衡	一般不制订详细工艺文件，工序可适当调度，工艺也可灵活掌握
	工艺装备	专业化程度高，宜采用专用高效工艺装备，易于实现机械化、自动化	通用设备较多，但也采用一定数量的专用工、夹、量具，以保证装配质量和提高工效	一般为通用设备及通用工、夹、量具
	手工操作要求	手工操作比重小，熟练程度容易提高，便于培养新工人	手工操作比重较大，技术水平要求较高	手工操作比重大，要求工人有较高的技术水平和多方面工艺知识
应用实例		汽车，拖拉机，内燃机，滚动轴承，手表，缝纫机，电气开关	机床，机车车辆，中小型锅炉，矿山采掘机械	重型机床，重型机器，汽轮机，大型内燃机，大型锅炉

汽车产品结构比较复杂，通常生产批量大。根据产品的结构特点，从装配工艺角度将其分解成为可单独组织装配的单元，以便合理安排人员、设备和工作地点。其装配的生产组织形式，主要取决于产品的生产纲领，即产量的大小。一般可作以下分类（见图1-7）：

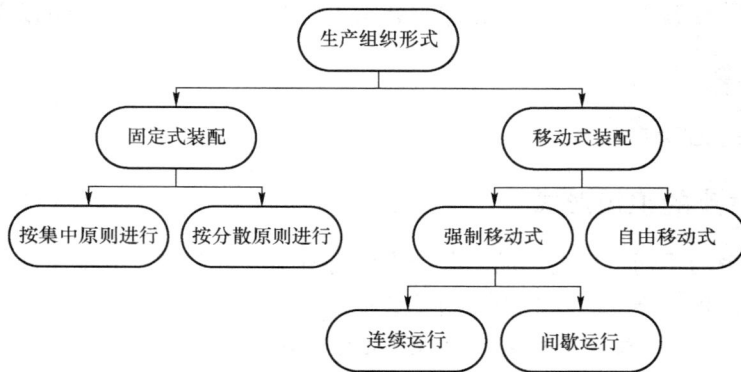

图 1-7 装配的生产组织形式

1. 按集中原则进行的固定式装配

按集中原则进行的固定式装配是单件小批量生产常用的生产方式，如图1-8所示。它的特点是全部装配工作都由一组工人在固定的装配地完成，所有的零部件都根据装配需要不断从附近的储存地或生产车间运来。这种装配方式连接种类多，对工人的技术要求高而全面，零件基本单件或少量生产，在装配过程中可能会出现修配的现象，装配周期也较长，劳动生产率较低，生产的组织管理相对较简单，如重型机械或大型船用柴油机的装配。

2. 按分散原则进行的固定式装配

按分散原则进行的固定式装配是把装配过程划分成几个装配点，各装配点按各自的装配内容顺次进行装配，并重复规定的装配工作，产品在各装配点完成装配任务，如图 1-9 所示。所需装配的零部件则源源不断地送至每个装配点。这种装配方式适用于以下情况：

1）多品种小批量轮换生产。

2）装配大而重、难以移动的产品。

3）制品刚度差，移动时易引起变形的产品。

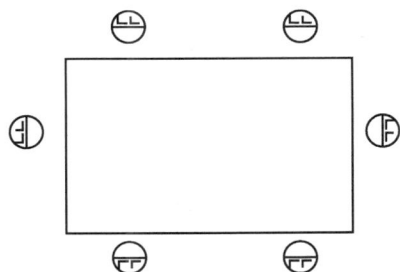

图 1-8　集中固定式装配

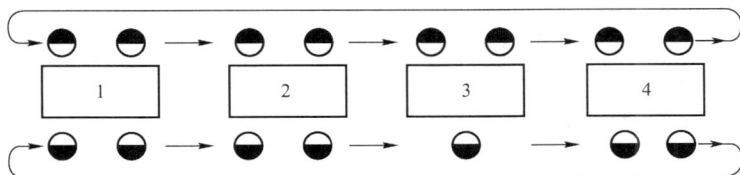

图 1-9　按分散原则进行的固定式装配

它具有如下特点：

1）工人专业化程度有所提高，装配技术也可得到提高。

2）工艺文件编制比较复杂，各组工人之间的工作量要安排合适并尽可能均衡，以减少互相等候怠工。

3）装配工具的专用性提高。

4）工人走的路较多，每个（组）工人要配备工具小车或便携式工具盒，以适应移动作业。

5）劳动生产率比集中固定式装配稍高。

3. 移动式装配

移动式装配可分为自由移动式装配和强制移动式装配。自由移动式装配一般是将在制品置于专门设计的带轮支架上，靠推动小车移动，小车可以有轨道，也可不设轨道。还有一种形式是将每个在制品置于各装配点的固定支架上，利用行车吊运将在制品移位。在小批量生产汽车时，汽车的总装配采用以下办法：前几个装配位置用固定支架来安置在制品，利用行车吊运移位，后几个位置靠推动装好车轮的汽车底盘来移位。

这种装配方式是在制品在装配过程中由一个位置移动到下一个位置，根据装配顺序和内容，不断地将所装的零部件运送到相应的装配位置。装配工人在各自固定的工作位置重复进行相同的装配作业，如图 1-10 所示。

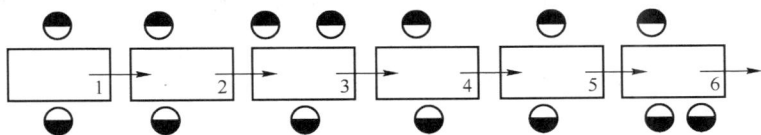

图 1-10　移动式装配

1）生产节拍较长且不十分严格，各装配点之间相互制约较少，不一定同步移动，具有一定的自由度。

2）每个装配位置的装配工人是固定的，且各自完成固定的装配任务，因而需对每个工人制订详细的作业内容，并力求相互之间工作量和工作时间一致。

3）各装配点附近根据不同的装配内容摆放不同的零部件。

4）此种生产组织形式已强于流水线生产，因而工艺文件的编制要求及装配作业的机具、技术水平、专业化程度都进一步提高，生产现场的组织、管理更加严密，要求更高。

4. 强制移动式装配

在产品大批量生产时，装配方式一般采用强制移动式装配，也叫"自动流水线装配"。它在自由移动式装配的基础上增加了装配点，在制品由行车、手推带轮支架等不同步的移动改由被叫做"总装配线"的设备实现强制同步移动。它是当今大批量汽车生产广泛采用的装配方式。根据产量的需要，它还可以设计成连续运行的强制移动式装配和间歇运行（周期运行）的强制移动式装配，前者适用于单班产量在50辆以上的装配，后者适用于单班产量在50辆左右的装配。自动流水线装配的特点是：

1）生产效率高。

2）生产节奏性强，工人作业分工细，专业化程度高。

3）生产组织和管理更加复杂严密，更具科学化、现代化。

4）促进了企业运用计算机进行现代化管理及生产率的提高。

想 一 想 ▶

请解释什么是移动式装配

1.2 汽车总装的工艺流程

汽车总装配厂（或车间）的组成由建设一个汽车制造厂的规模、范围以及制定的工艺路线和工厂分工、工厂建设地区的地理环境等外部条件来决定，没有固定的模式，但必须包括总装配线、分装线、部件组装线、整车检测线和调整、返修（包括必要的补漆手段）区以及试车道路和零部件、总成的存放地等。

1.2.1 汽车总装技术要求

汽车总装配是汽车的最后一道工序。装配质量的高低，直接关系到整车产品质量。因此，在整车装配的过程中，必须达到下列技术要求：

1. 装配的完整性

汽车产品零件多，每个零件都有自己的作用，在装配时必须按照工艺文件的要求，将所有零部件、总成全部装上，不能有漏装、少装现象，特别要注意一些小零件的装配，如螺钉、平垫圈、弹簧垫圈、开口销的装配数量和装配质量。

2. 装配的统一性

下达生产指令，要按生产计划，对基本车型，按工艺要求进行装配，不得误装、错装和漏装。装配时必须要满足：两车间装的同种车型统一、同一车间装的同种车型统一、同一工位装的同种车型统一，简称为"三统一"。

3. 装配的紧固性

汽车各部件的装配通过联接来实现，其中螺栓、螺母之间的联接最为普遍，汽车装配时所有螺栓螺母的联接都具备一定的力矩要求。工艺文件上有规定：如果力矩超过规定值，将导致螺纹变形；如果力矩值不够大，将使装配件产生松动。所以装配时必须达到工艺文件规定的力矩要求，应交叉紧固的必须交叉紧固，否则会造成装配不到位的现象，带来安全隐患。

4. 装配的润滑性

汽车上很多零件都是运动件，运动的机械零件一定要润滑。按照工艺要求，所有润滑部位必须加注定量的润滑油或润滑脂。如发动机，如果润滑油加注过少或漏加，发动机运转会造成烧瓦、抱轴等故障现象。加注过多，发动机运转时润滑油很容易窜到燃烧室，产生积炭。因此加油量必须严格按照工艺要求的需要。

5. 装配的密封性

从运动机理和舒适性方面考虑，汽车上很多的部件都需要密封，包括对液体的密封和气体的密封。主要包括：冷却系统的密封性，各接头不得漏水；燃油系统的密封性，各管路连接和燃油滤清器等件不得有漏油现象；各油封装配密封，装油封时，要将零件擦拭干净，涂好润滑油，轻轻装入，油封不到刃口，否则会产生漏油；空气管路装配密封，要求空气管路里连接处必须均匀涂上一层密封胶，锥管接头要涂在螺纹上，管路连接胶管要涂在管箍接触面上，管路不得变形或歪斜。

想 一 想 ▶

汽车生产的第一道工序是什么？

1.2.2　汽车总装配厂的组成

1. 车间工艺流程

总装配车间的工艺流程反映汽车的生产过程，图 1-11 所示为整车制造工艺流程简图，图 1-12 所示为轿车总装车间工艺流程。

2. 总装生产线组成及工艺特点

目前轿车基本采用承载式车身，装配特点是以车身为装配基础件，所有总成、零部件都装载在车身上。因此，轿车装配是将车身内外饰和整车装配工作放在一条线上完成。轿车总装配线一般分成三个部分：内饰装配线、底盘装配线、整装线。

（1）内饰装配线　内饰装配线主要是车门的拆装、车身上线及进行线束、工艺堵塞、顶棚装饰板、风窗玻璃、仪表板、侧围内饰板、地毯、节气门拉线、发动机拉线、后行李箱内饰、尾灯、燃油管、制动油管、刮水器及其电动机等部件的装配装饰工作。

为了保证总装线实行混流生产，车身上线是由计算机进行控制的，每个车身上线前都贴有条形码，条形码内包含该车的车身号、流水号、车型、备件组织号以及与之配套的发动机型号等信息，从而保证了整个总装线的生产有条不紊地进行。

（2）底盘装配线　底盘装配线主要进行前悬架、后悬架、油箱、发动机和变速器动力总成、减振器、传动轴、排气管、消声器、车轮等车底部件的装配。

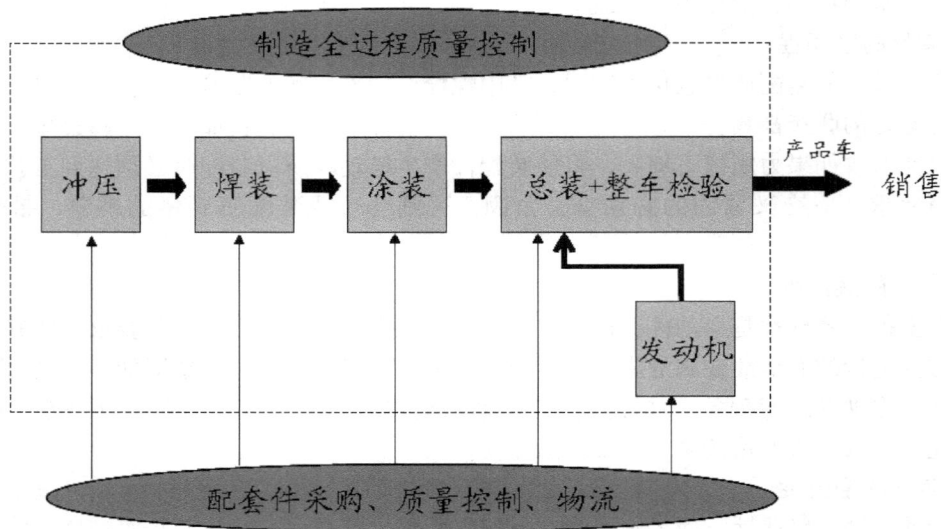

图 1-11　整车制造工艺流程简图

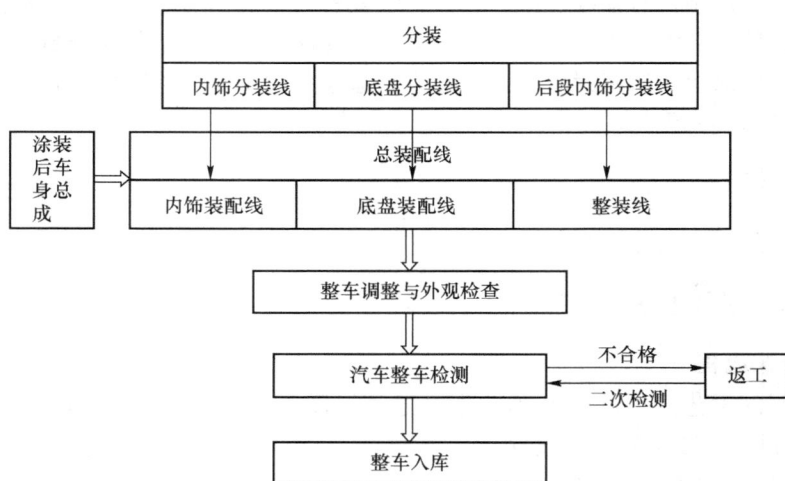

图 1-12　轿车总装车间工艺流程

　　根据车型结构不同，底盘部件装配可以采用模块化装配，即先将发动机与变速器总成、前悬架总成、发动机前托架（带三角臂、转向器、横向稳定杆等）、传动轴、排气管、油箱、后悬架等底盘部件分装好，然后安装并定位到合装小车上。合装小车在合装区与底盘装配线同步，通过小车上的液压举升装置，将分装好的底盘合件直接举升上线与车身合装。

　　（3）整装线　整装线是指车身与底盘合装后进行的装配，主要进行前保险杠装配、座椅装配、前面罩及前照灯装配、车门的装配、发动机各种管路连接、燃油、制动液、冷却液及制冷剂等各种油液的加注工作及整车下线前的调整工作。

　　3. 运行材料的加注

　　运行材料主要是为了保证汽车下线前能正常行驶而加注的燃油、制动液、冷却液和制冷剂等。为了保证加注质量，制动液、冷却液及制冷剂加注前需进行必要的检测和抽真空，具体方法如下：

（1）制动液加注　由于制动系统内可能存在泄漏或者可能含有水分等杂质，加注制动液时首先应进行制动系统的渗漏检查。首先采用液氮扫气，干燥、净化汽车制动系统，然后分两次抽真空。第一次抽真空达到一定的真空度后保持一定时间，如真空度变化不大，表示没有渗漏。第二次抽真空进行制动液加注，如检查发现泄漏，则应做上标记，并在返修区进行检查返修。制动液的加注由操作工自动检测加注完成。图 1-13 所示为制动液加注。

（2）冷却液加注　在加注冷却液前，需进行油、水密封性检测。水循环系统的密封性检测，主要是检测散热器、水管、缸体水道及水泵的密封性。测试时，将水管塞头与散热器口相连，加压，并保持一段时间，无压力下降，则为正常，可以加注冷却液。在加注冷却液时需要进行抽真空，获得一定的真空度后，方可加注。图 1-14 所示为冷却液加注。

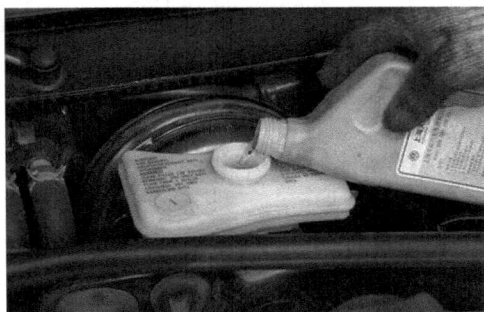

图 1-13　制动液加注

图 1-14　冷却液加注

（3）制冷剂加注　在加注制冷剂之前，要进行两次抽真空检测，一次氮气加压扫气，如无泄漏则进行加注。第一次抽真空，达到一定的真空度后保持一定时间，若无明显变化，则说明无大的泄漏。继续抽真空，达到一定的真空度后保持一定的时间，若无明显的变化，则说明无小的泄漏，可以进行加压检测。液氮加压扫气的目的有二：一是检测制冷系统有无由内向外的渗漏；二是扫除制冷系统内的潮湿空气，以便加注纯净干燥的制冷剂。加注时，将加注头接到制冷系统的高低压油管接头上，操作工只需启动自动检测加注循环程序，即可自动完成加注任务。

（4）燃油加注　燃油的加注和加油站燃油加注的方法一样，燃油箱的密封性检查一般在汽车零部件制造环节进行，也就是说上线的燃油箱都已经通过了密封性检查并合格。燃油加注的量各个厂家都有一定的标准，通常是 5 公升(1 公升 $= 1L = 1 \times 10^3 \mathrm{cm}^3$）左右。

4．分装线组成及工艺特点

分装线又叫部装线，是指制造厂在进行装配时，为了节约生产节拍的时间，部分零部件总成可以在装配车间内或装配车间外单独组成部件装配线。分装线主要包括：仪表板总成分装线、车门分装线、散热器总成分装线、车轮总成分装线、发动机与变速器动力总成线、风窗玻璃分装线等。

（1）仪表板总成分装线　目前仪表板总成分装线主要采用两种方式：一种是空中悬挂式，另一种采用地面式。空中悬挂式一般采用带吊具的普通悬挂输送机或积放式悬挂输送机，地面式一般采用带随行夹具高出地面的双链牵引输送链。同时，为了操作方便，随行夹具可按需翻转一定角度，并设有定位机构。在分装线上配有线束检测仪。图1-15所示为仪表板总成分装线。

仪表板总成分装线上分装部件一般包括仪表板框架、仪表板线束、组合仪表、组合开关、CD机、转向柱、空调鼓风机、暖风热交换器、蒸发器及壳体总成等。仪表板分装完成后，需要采用线束检测仪100%进行仪表板功能检测，检测仪表板功能是否正常。检测时，将仪表板总成的相关线束插头接上对应的仪表板线束检测仪接口，起动检测按钮，即可逐项检测转向、灯光、报警等功能。检测完毕合格后，通过扫描仪表板总成上所贴的条形码由计算机控

图1-15 仪表板总成分装线

制上线，从而保证不同车型安装相应型号的仪表板总成。

（2）车门分装线 车门分装线的形式与仪表板分装线的形式基本相同，也包括空中悬挂式和地面式两种，但采用空中悬挂式的居多。在车门分装线上主要进行玻璃升降器、门锁、玻璃、防水帘、内手柄、外手柄、内饰板、密封条等部件的装配。由于采用这种工艺不仅可以提高车门零件的装配效率，便于实现自动化装配，而且拆掉车门后，便于座椅、仪表板及车身内部其他零部件的装配，所以车门分装工艺被越来越广泛采用，图1-16所示为车门分装线。

图1-16 车门分装线

（3）车轮总成分装线 车轮总成分装线采用的主要设备是车轮装配机、充气机及车轮动平衡机，各设备之间的连接一般采用机动辊道。在车轮总成分装线上，首先将轮胎安装到轮辋上，充气到规定的压力，然后进行动平衡检查和调整，最后送到总装配线上，如图1-17所示。

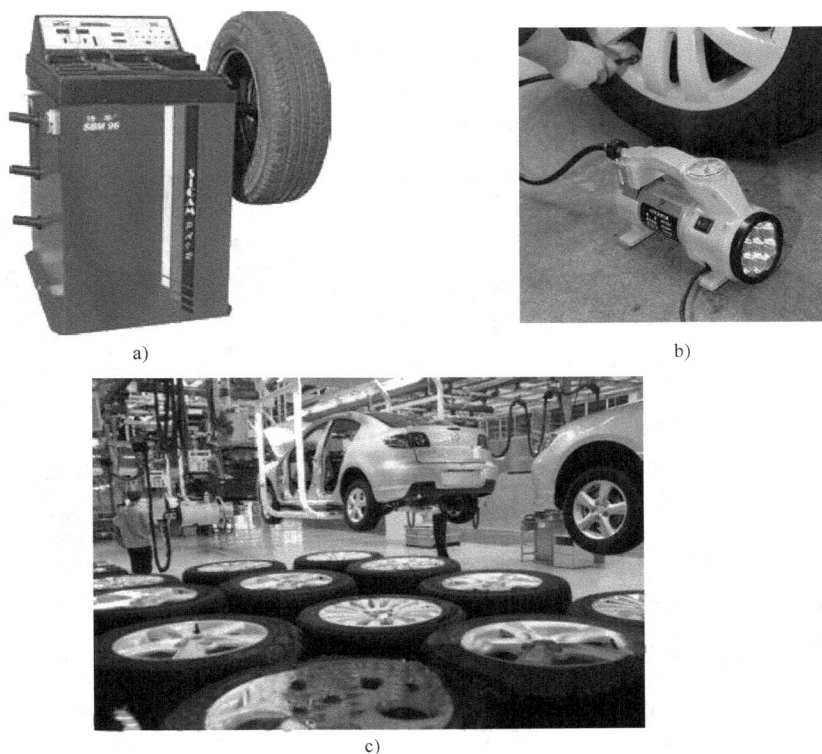

图 1-17　车轮总成分装线

a）动平衡机　b）充气机　c）轮胎安装流水线

在各种分装线中，车轮总成分装线自动化程度最高，如某轿车厂的无内胎车轮自动装配线具有自动装配、快速自动充气、车轮动平衡、自动选择配重等自动功能。

（4）发动机与变速器动力总成分装线　发动机和变速器分装线主要进行发动机和变速器的装配，同时还需装配发动机和变速器的部分附件和管路，根据不同的车型结构采用不同的方式，若不带副车架，一般直接采用环形地链牵引小车式，同时将前悬和后悬总成装上，小车上设有液压举升装置，可与底盘装配线同步运行，直接上线，如图 1-18 所示。

图 1-18　发动机与变速器动力总成分装线

a）发动机分装线　b）变速器分装线

（5）风窗玻璃分装线　风窗玻璃分装工作主要包括粘胶部位的清洁、涂胶预处理、安装玻璃密封条等。分装完成后，由玻璃吸盘将玻璃放到玻璃放置台上，然后由自动涂胶机和高精度机械手自动完成玻璃位置找正，自动涂上一整圈胶，通过吸盘将玻璃吸起，安装到车身适当位置。图 1-19 所示为风窗玻璃分装线。

图 1-19　风窗玻璃分装线

5. 车门分装线工作流程

车门分装线属于总装的一条分装线，主要负责车门门饰板、车窗、升降机、线束、后视镜等车门部件安装。现以某车型车门分装线工作流程为例说明。

（1）前门玻璃导槽和 B 柱饰板的安装

1）装配一个车门前，首先必须检查车门车身是否异常。如果有异常，呼叫相关人员进行解决异常；如果没有异常，进行正常装配。

2）装配 B 柱饰板前，将螺母垫片从上至下依次卡入前门 B 柱钣金孔内，注意卡入时要竖直卡入。

3）预装前玻璃导槽。先将左端卡入 B 柱钣金上端处，卡入后，向右依次卡入。注意确认无卷边现象发生，如图 1-20 所示。

4）紧固前门 B 柱饰板。将窗框胶条后部卡入 B 柱饰板，注意 B 柱饰板要和玻璃导槽上端的尾部平行。紧固要点：完全套入，垂直打入，注意紧固状态是否完全符合要求。

（2）后门 B 柱饰板和前门限位器安装

1）将前门限位器插入限位孔。紧固要点：套筒完全套入，垂直打入，应完全贴合，如图 1-21 所示。

2）装配后门 B 柱饰板前将螺母垫片从上至下依次卡入后门 B 柱钣金孔内，注意卡入时要竖直卡入。

3）预装后玻璃导槽。先将左端卡入 B 柱钣金上端处，卡入后，向右依次卡入。注意确认无卷边现象发生。

图 1-20　玻璃导槽安装

图 1-21　限位器紧固

4）紧固后门 B 柱饰板。将窗框胶条后部卡入 B 柱饰板，注意 B 柱饰板要和玻璃导槽上端的尾部平行。紧固要点：完全套入，垂直打入，注意紧固状态是否完全符合要求，如图 1-22 所示。

（3）后门 C 柱饰板和后门限位器安装　装配后门限位器前，取出后门限位器防水垫圈，将左后门限位器防水垫圈卡入窗框内，再进行限位器的安装。

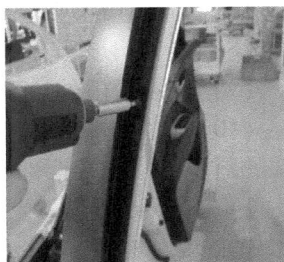

C 柱饰板的安装和 B 柱饰板安装注意要领一样。

图 1-22　B 柱饰板安装

（4）前门阻尼垫片、玻璃导槽、外挡水、前门窗框防水胶条的安装

1）将阻尼垫片平铺在内钣金上，持工装将阻尼垫片刮平。注意要点：使阻尼垫片紧贴在钣金上。

2）前门玻璃导槽的安装需要借助简易工装将胶条包入钣金。注意要点：胶条不可卷边，包边速度适当。

3）外挡水的安装。注意确认外挡水有无压胶边。

（5）安装后门阻尼垫片、玻璃导槽、外挡水、后门窗框防水胶条　依次安装。

（6）前门玻璃升降器模块安装紧固

1）防水胶塞安装注意无浮起、无起皱、无松脱。

2）防撞胶粒安装注意无浮起、无松脱。

3）升降器模块安装。将模块加载至车门钣金后，用螺钉紧固模块上的紧固点。注意：先紧固对角，再按逆时针紧固，如图 1-23 所示。

（7）前门外拉手、外拉手饰盖、锁芯、前喇叭安装

1）将锁芯卡入外拉手饰盖，注意卡入时不要刮伤饰盖外漆。

2）外拉手支架定位。从车门钣金孔内把外拉手支架拿出定好位，再将左前门外拉手支架自带螺栓拧紧，注意紧固自带螺栓时不能打偏，以免将车门钣金刮花，影响产品质量。

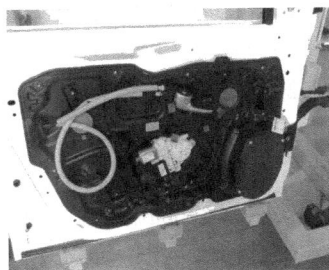

图 1-23　玻璃升降器模块
先紧固对角点

3）外拉手安装。先将前端卡入门板，再将后部插入门板内，按住外拉手，将外拉手向

前推。注意要点：外拉手与钣金槽位完全匹配，如图 1-24 所示。

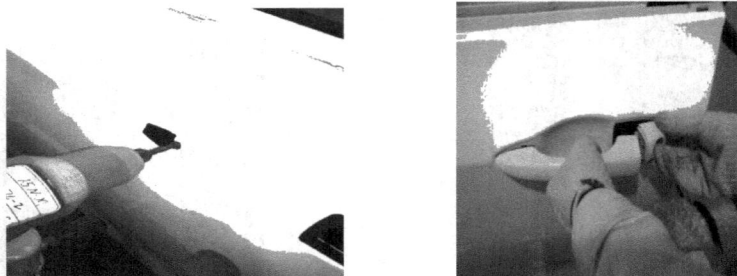

图 1-24　外拉手安装

4）紧固前门喇叭。

（8）安装门玻璃升降器模块　将门玻璃升降器模块安装入位。

（9）安装后门外拉手、外拉手饰盖、锁芯、后喇叭。

（10）前门玻璃安装、前门前段饰件安装、下防水条安装、前门锁板紧固。

1）左前门前端饰件安装。先将上下两颗胶钉按入，再按入中间两颗。

2）下防水条安装。先将两端胶钉按入，再朝内按入，注意回拔确认下防水条胶钉有无全部正确安装到位。

3）前门锁板紧固。紧固要点：套筒完全套入，垂直打入，紧固完后检查螺钉有无完全贴合，可以使用触摸方式检查。

4）紧固玻璃导轨。注意要点：垂直打入，注意是否贴合。

5）左前门玻璃安装，将左前门玻璃前端先放入车门内，再将后端放入车门内。注意要点：将玻璃向下卡入时会听到咔咔的声音，回拔确认无松脱。

6）安装门模块圆形防水贴片和门模块椭圆形胶塞。

7）前门内挡水安装。先将前端卡入，再依次将后端卡入。注意要点：内挡水条是否紧贴钣金，间隙是否符合安装要求。

（11）前门后视镜安装、后门玻璃安装、后门前段饰件安装、后门下防水条安装、前门锁板紧固　前门后视镜的装配要点：线束卡扣穿过钣金孔，然后用螺母将其紧固。前门后视镜的紧固要点：套筒完全套入，垂直打入。

（12）前门门饰板、油箱盖开关、后视镜饰盖、内拉手饰盖、控制面板安装

1）油箱盖开关安装。将油箱盖开关卡入门饰板配合孔，并回拔确认。

2）门饰板安装。安装门饰板至门模块前，首先将外拉手卡入门饰板自带卡扣上，再将油箱盖线束连接，并回拉确认。将控制面板两根线束绕出门饰板孔，直至露出扶手外。接下来紧固相关紧固点，注意垂直打入和紧固力矩。

3）安装后视镜饰盖和内拉手饰盖。

4）前门控制面板安装。将控制面板与门模块线束连接后卡入门饰板。

注意要点：确认控制面板正确安装和线束无松动。安装情况如图 1-25 所示。

图 1-25　门饰板安装

（13）安装后门门饰板、油箱盖开关、后视镜饰盖、内拉手饰盖、控制面板　依次安装。

6. 整车检测线

整车出厂检测是汽车生产过程对整车质量进行综合检测的一个重要环节，要求百分之百进行检测。整车装配完成后，在整车检测线上对其主要性能进行检测，并进行必要的调整，直到所有性能指标均符合要求。目前，轿车生产厂均采用计算机控制全自动检测线，检测线可对整车质量检测实现自动控制、自动采集数据和判定、自动打印输出检测结果。由于车型不同，各厂检测线的组成也略有不同。图 1-26 所示为整车检测线的一般组成。

一些生产厂在检测线上还进行外观检查以及配备整车电气综合检测设备，检测线上具体的检测内容见图 1-26。

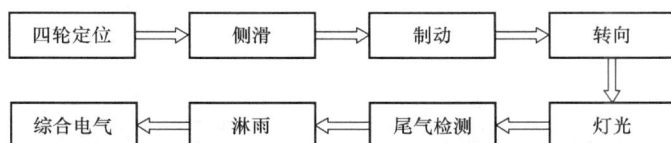

图 1-26　整车检测线的一般组成

（1）外观检查　外观检查主要在灯廊内进行，主要检查车身漆面质量，表面有无划伤、碰伤，车门及车窗密封条的装配间隙是否正常，紧固件的拧紧力矩是否满足要求，以及有无漏装、错装等现象。对不合格项在返修区进行返修。图 1-27 所示为车身外观检查。

（2）车轮定位参数检测　即检测四轮定位参数是否符合要求。一般的轿车主要检测车轮前束和车轮外倾角，检测线上一般仅对前束进行调整，其他参数由产品结构保证。不同的生产厂所采用的车轮定位检测设备不同，

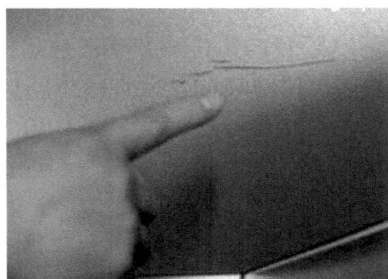

图 1-27　车身外观检查

但原理基本相同。将汽车驶上车轮定位仪，四个车轮定位卡盘自动靠在四个车轮上，测出四个车轮的外倾角和前束值，在显示屏上显示测定值。如果前束不合格，通过观察显示屏的读数来进行调整。图 1-28 所示为四轮定位检查内容。

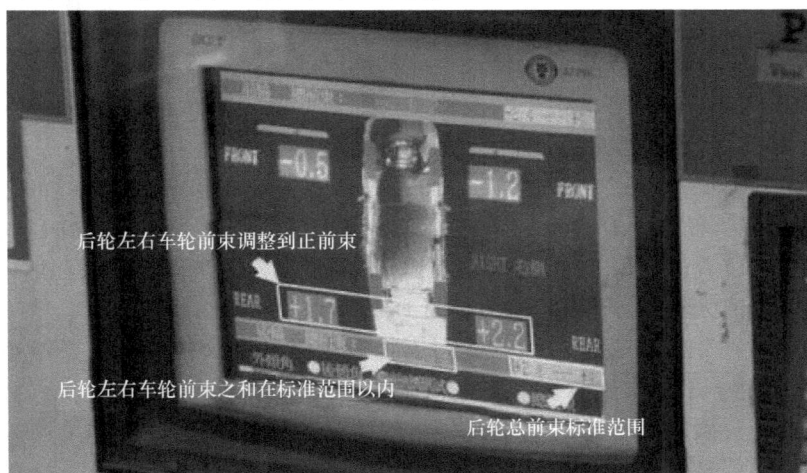

图 1-28　四轮定位检查内容

（3）车轮侧滑量检测 侧滑试验是动态检测车轮前进时车轮侧向滑移量是否符合要求，也就是检测前轮前束与前轮外倾的配合是否合适，并检查悬架的几何特性。具体的检测方法是：汽车的前轮或后轮驶过试验台的两块滑板时，扫描车轮的驶入点和驶出点，显示屏显示出测定值及合格与否的标志。图 1-29 所示为车轮侧滑量检测。

图 1-29　车轮侧滑量检测

（4）转向角检测 转向角检测主要测定汽车转向轮左、右的最大转角是否符合设计要求。检测时将转向盘分别由中间位置向左、右转到最大位置，显示屏上显示出的角度即为转向轮内外转角的最大值。图 1-30 所示为转向角检测仪。

（5）制动性能检测 制动性能检测分为行车制动性能检测和驻车制动性能检测。行车制动性能检测主要检测汽车制动器的制动力和制动时的稳定性几个指标，驻车制动性能检测主要检测驻车制动系的工作是否正常。检测时，前轮先驶上试验台，并施加一定的踏板力，测量每个车轮制动力及左右车轮制动力之差，测得的值应符合规定值。然后后轮驶上试验台，施加同样的踏板力，测量每个车轮制动力及左右车轮制动力之差，应符合规定值。后轮在试验台上时，还进行驻车制动力检查。图 1-31 所示为制动性能检测。

图 1-30　转向角检测仪

（6）前照灯检查 前照灯的检查主要检查前照灯发光强度及调整前照灯远光光束照射位置，使之合格。检查过程由检测仪自动完成，检查方法如下：汽车停在距检测仪光屏 1m 远的位置，打开远光灯，发动机转速为 1500r/min。此时，检测仪自动跟踪灯光位置，并在表盘上显示发光强度及光束照射位置的数值。通过调节前照灯的调整螺栓，来调整光束照射位置。轿车新车的发光强度规定值大于或等于 15000cd。图 1-32 所示为前照灯检测。

（7）怠速排放污染物检查 怠速排放污染物检查俗称尾气检测，主要检查尾气中 CO、HC 的含量是否达标。采用排气分析仪检查怠速排放，检测时发动机应暖机、并且怠速运转正常，将分析仪探头插入汽车排气管中，分析仪将 CO、HC 含量分析结果输入到数据处理机，分析结果由屏幕显示或打印。图 1-33 所示为尾气检测。

图 1-31 制动性能检测

图 1-32 前照灯检测

图 1-33 尾气检测

（8）防雨密封性检查 该项检查主要检测汽车的密封性，通常在淋雨试验室内进行，汽车由地面链传送通过淋雨试验室，高压水从设置的角度不停地冲刷汽车，淋雨试验时间约为 3min，试验后车内不得有漏水、渗水现象。图 1-34 所示为淋雨检测。

图 1-34　淋雨检测

（9）整车电气综合检测　整车电气综合检测主要检查汽车上的电气装配是否到位，电气设备是否正常。使用的设备为整车电气综合检测台。该设备有一个主控制柜，控制程序和软件装在此控制柜的计算机中，有一个带显示及数据采集功能的单片机，并具有结果打印输出功能。图 1-35 所示为整车电气综合检测。

图 1-35　整车电气综合检测

进行检测时，将蓄电池负极拆下，单片机插头分别与蓄电池正极、主机及拆下的蓄电池负极相接，输入车型、车身号等参数后，开始进入检测程序。整套检测系统不只是对各仪表和灯光的功能进行检测，还对整车各电气系统的电压、电流进行测试，以检查可能存在的接触不良、短路等隐患，保证电气系统的装配质量。

（10）路试检查（见图 1-36）　路试检查是抽测项目，在同一批次车中或某一个时间节点生产的汽车中抽出几台数量的整车，在专用的试车道路上进行路试，检查汽车的综合性能，确保整车的质量。

7. 整车返修区

随车检验卡上记载的零件没装配到位的车和整车检测线检验不合格的车都要送往整车返

厂家的试车临牌

图 1-36　路试检查

修区。整车返修一般包括机械部件返修、电气部件返修、钣金件返修、补漆等。在返修区一般设有整车举升机、地沟、补漆室以及必要的检测设备。

1.3　整车装配车间总平面布局

整车装配车间平面布局设计首先需要根据轿车的结构特点编制装配工艺过程卡，内容包括轿车生产纲领、生产节拍、装配线的工位数和设备台数。再根据厂址条件、零部件供应方式、车间的物流等综合因素进行车间平面布置，力求各生产线的布置符合生产过程规定的工艺顺序，使零件、部件及成品的运输路线最短。轿车装配车间平面布置如图 1-37 所示。

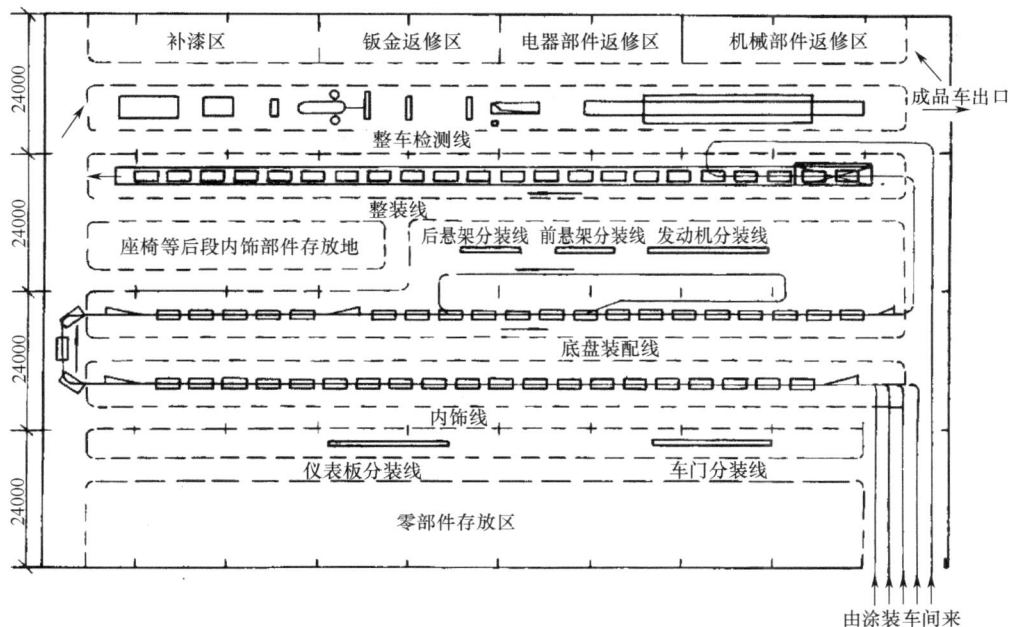

图 1-37　轿车装配车间平面布置

本 章 小 结

装配就是将各种零件、组件、部件，按规定的技术条件和质量要求连接组合成完整产品的生产过程，其主要的方法就是联接。

汽车装配的主要内容包括清洗、平衡、过盈连接、螺纹联接、粘接、充注、校正等方法，部件或总成乃至整个产品装配中和装配后的检验、试运转、涂装、包装等也属于装配工作。

汽车总装配厂的组成取决于建设一个汽车制造厂时的规模、范围以及制定的工艺路线和工厂分工，也取决于工厂建设地区的地理环境等外部条件，没有固定的模式。但不管是工厂还是车间，必须包括总装配线、分装线、整车检测线和调整、返修以及试车道路和零部件、总成的存放地等主要组成部分。

整车出厂检测是汽车生产过程对整车质量进行综合检测的一个重要环节，要求百分之百进行。整车装配完成后，在整车检测线上对其主要性能进行检测，并进行必要的调整，直到所有性能指标均符合要求。

整车装配车间平面布局设计首先需要根据轿车的结构特点编制装配工艺过程卡，内容包括轿车生产纲领、生产节拍、装配线的工位数和设备台数。再根据厂址条件、零部件供应方式、车间的物流等综合因素进行车间平面布置，力求各生产线的布置符合生产过程规定的工艺顺序，使零件、部件及成品的运输路线最短。

复习思考题

1. 汽车装配的特点有哪些？具体的技术要求是什么？
2. 汽车总装配生产线由哪些分装线组成？各分装线具体进行哪些工作？
3. 汽车装配生产线和分装线主要包括哪些内容？
4. 汽车总装要达到什么样的技术要求？
5. 请查找相关资料，得出至少三个不同装配车间的装配特点。

第2章
总装基本技能训练

学习目标 ▶

通过本学习情景的描述，你将做到：

1）学会使用汽车装配的常用工具。

2）掌握汽车装配中的基本联接方法。

情景描述 ▶

螺栓拧紧力矩不足 A 公司召回 6 万辆 C5

因车辆缺陷，A 公司召回 2009 年 9 月 11 日至 2011 年 10 月 14 日生产的部分轿车。

涉及车型：C5

涉及数量：63301 辆

缺陷概述：车辆后桥螺栓拧紧力矩不足，可能引起螺栓受损。

后果概述：在极端行驶条件下后桥螺栓可能断裂，导致后轮定位偏移，存在安全隐患。

修复概述：A 公司将对召回范围内的车辆后桥螺栓残余力矩进行检查，根据检查结果采取相应措施使后桥螺栓力矩达到标准值，以消除故障隐患。

任务：请同学们根据以上报道，以小组为单位，学习和讨论关于螺栓拧紧的知识，掌握正确的螺栓拧紧方法，并且完成以下任务：

1）请说出手动力矩扳手的使用方法。

2）请说出气动枪式液压脉冲扳手的使用方法。

3）请说出电动工具的使用方法。

4）请找出实训车辆上螺栓联接的位置。

5）请观察实训车辆上的线束连接，看看有什么特点。

6）请观察实训车辆上的管路连接，看看有什么特点。

7）请找出实训车辆上哪些零部件属于粘贴作业。

8）请找出实训车辆上的组装作业。

相关知识 ▶

想一想：

1）手动力矩扳手如何使用？

2) 气动枪式液压脉冲扳手如何使用？

3) 电动工具如何使用？

4) 螺栓联接的分类及联接方法如何？

5) 汽车上的线束连接是怎样的？

6) 汽车上的管路连接是怎样的？

7) 汽车上的粘贴作业有哪些？

2.1 汽车拆装和调整的基本要求

1. 汽车拆装与调整需具备的技能

对汽车进行拆装与调整是汽车从业人员最基本的技能，要想高标准地完成拆装与调整作业，汽车从业人员必须具有如下的技能：

（1）熟悉汽车的构造及工作原理　汽车的种类、型号繁多，结构不同，装配、拆卸的顺序和使用的工具也不一样。如果不了解所需要拆卸汽车的结构和特点，任意敲击或撬打都会造成零件的变形或损坏。所以，了解汽车的构造和工作原理，是确保正确拆卸的前提。

（2）熟悉汽车装配工艺指导书　汽车的装配工艺指导书是指导汽车装配作业的指导性文件，汽车的装配工艺包括零件的装配关系、装配零件的数量、装配时力矩的要求及装配用的工具，在装配工艺指导书上都有详细的要求，装配人员在装配时要严格按照装配工艺的要求进行。只有这样，才能保证装配作业的生产一致性和装配的正确性。

（3）熟悉汽车装配基本拆装方法　汽车装配基本的拆装包括螺钉螺栓的装配、插接件的连接、油管的连接等，这些拆装方法的熟练与否直接关系到汽车拆装的质量。因此，作为一个合格的汽车拆装人员，对上述拆装方法一定要能正确运用。

（4）熟悉汽车拆装工具使用方法　汽车拆装属于专业拆装，除了一些基本的拆装工具外，还用到一些专用的拆装工具，尤其是气动扳手和定扭扳手的使用，在汽车拆装中用得非常多。如何正确使用这些工具，是每个从业人员所必须具备的技能。因此，在上岗前必须对从业人员进行培训。

2. 拆卸时注意事项

（1）按需要进行拆卸和装配　零部件经过拆卸和装配，容易产生变形和损坏，特别是紧配合件更是如此。不必要的拆卸会降低汽车的使用寿命，增加修理成本，延长修理工期。因此，拆卸时应防止盲目地大拆大卸，如果通过不拆卸检查就能判定零件符合要求，就尽量不拆卸，以免损坏零件。

（2）掌握正确的拆卸和装配方法　拆卸时为了提高拆卸工效，减少零部件的损伤和变形，需要使用相应的专用工具和设备，严禁任意撬打和敲击。例如拆卸紧配合件时，应尽量使用压力机和拉拔器。拆卸螺栓联接件时，要选用适当的工具，依螺栓紧固的力矩大小优先选用套筒扳手、梅花扳手和固定扳手。尽量避免使用活动扳手和手钳，防止损坏螺母和螺栓，给下次拆卸带来不必要的麻烦。装配时要尽量使用合适的装配工具，对于有力矩要求的螺栓螺母联接，尽量采用定扭扳手来保证扭力。在进行车轮装配时，如果没有机械手，装配时要按照对称原则进行。

　　由表及里逐级拆卸的顺序一般是先拆车厢、外部线路、管路、附件等，然后按汽车→总成→部件→零件顺序进行拆卸。

　　（3）拆卸时要为重新装配做好准备

　　1）拆卸时要注意检查校对装配标记。为了保证一些组合件的装配关系，在拆卸时应对原有的记号加以校对和辨认。没有记号或标记不清的应重新检查做好标记。有的组合件是分组选配的配合副，或是再装合后加工的不可互换的组合件，如轴承盖、连杆盖等，它们都是与相应组合件一起加工的，均为不可互换的组件，必须做好装配标记，否则将破坏它们的装配关系甚至动平衡。

　　2）零件要分类顺序摆放。为了便于清洗、检查和装配，零件应按不同的要求分类顺序摆放。否则，零件胡乱堆放在一起，不仅容易相互撞伤，而且会在装配时造成错装或找不到零件。为此，拆卸时应按零件的大小和精度归类分格存放。统一总成、部件的零件应集中在一起放置。不可互换的零件应成对放置。易变形、易丢失的零件应专门放在相应的容器中。

　　3．汽车拆卸和装配安全操作规程

　　1）上岗前穿戴好劳保用品，检查所使用的工装、工具等设备设施。

　　2）两人以上作业时必须互相联系协调工作，做到三不伤害：不伤害自己、不伤害别人、不伤害机器。

　　3）使用吊车要有起重机操作证，遵守起重机安全操作规程，并对起重机、吊具认真检查，起重时，严格执行"十不吊"和起重机安全操作规程。

　　4）使用电动工具必须配备漏电保护器并检查是否漏电。

　　5）锤柄不应沾有油脂，防止滑脱伤人。锤头卷边应修整再用。

　　6）装夹钻头应断电或断气，必须停止转动后方可进行更换。并用专用钥匙松、紧钻头。

　　7）螺钉旋具不准当錾子用。

　　8）使用砂轮时，不许在砂轮上磨软物质，切线方向不允许站人。不得用力过大，并必须佩戴防护眼镜。严格执行砂轮机安全操作规程。

　　9）使用加力扳手（加长杆）加力时，应检查套管头是否完整，应无裂纹，扳手无油污。周围环境无杂物、地面无油污，加力均匀，不可用力过猛。

　　10）工作现场严禁烟火，不得用汽油等易燃液体擦洗衣物等物品。

　　11）现场零件摆放整齐、不超高。要留有消防和操作通道，地面无油污、水等。

　　12）工作完毕后切断电、气源，清理工作现场。把工作后废旧零件和废旧棉纱、油各类液体严格按 A、B、C 分类存放，做到统一回收。

　　13）严禁用锤子等铁制工具敲打气瓶嘴、保险帽（盖）等部位。

　　14）工作完毕，应关闭焊枪及气瓶开关。

　　15）清理现场，周围不许有火种，确认安全方可离开工作现场。

2.2　汽车装配的常用工具

　　"工欲善其事，必先利其器"。没有工具，再好的能工巧匠也做不出精细的作品，就像巧妇难为无米之炊一样。那么是不是在整车装配过程中所有工位都得配有工具呢？肯定是。但该如何给整车装配过程中的各个生产岗位匹配合乎实际生产要求、工艺要求、质量要求等多方面要求的装配工具呢？是不是凭空想象、随心所欲地匹配呢？当然不是，这就需要对工具的基本性能有所了解。

工具的范畴十分广泛，就汽车制造领域而言，就可以说是举不胜举。对于汽车总装而言，拧紧作业约占据整车装配联接总和的90%。下面主要对手动力矩扳手、气动力矩扳手、电动工具和铆钉枪四种工具的结构原理及技术性能进行相应的介绍。

2.2.1 手动力矩扳手

1. 力矩的概念

力矩就是力和距离的乘积，在紧固螺钉、螺栓、螺母等螺纹紧固件时需要控制施加的力矩大小，以保证螺纹紧固且不至于因力矩过大破坏螺纹，所以用力矩扳手来操作。首先设定好一个需要的力矩值上限，当施加的力矩达到设定值时，扳手会发出"咔嗒"声响或者扳手连接处折弯一点角度，这就代表已经紧固不要再加力了。

力矩扳手发出"咔嗒"声音的原理很简单，可以分为以下几个步骤去理解：

1）力矩扳手所发出的"咔嗒"声提示已达到要求的力矩值。

2）力矩扳手所发出的"咔嗒"声由本身内部的力矩释放结构产生，其结构分为压力弹簧、力矩释放关节和力矩顶杆。

3）首先在力矩扳手上设定所需力矩值（由弹簧套在顶杆上向力矩释放关节施压），锁定力矩扳手开始拧紧螺栓，当螺栓达到力矩值后（当使用扭力大于弹簧的压力后）会产生瞬间脱节的效应，在产生脱节效应的瞬间发出关节敲击扳手金属外壳的"咔嗒"声，由此来确认达到力矩值的提醒作用。

力矩扳手主要应用于生产现场的装配和检验。

2. 手动力矩扳手的分类

力矩扳手按外形结构可分成手动定值式力矩扳手（图2-1）、手动可调力矩扳手（图2-2）、手动表盘指针力矩扳手（图2-3）、棘轮扳手（图2-4）、手持式数显力矩扳手（图2-5）等多种类型。不论是何种类型力矩扳手，其主要部件和结构原理是相同的。下面以手动力矩扳手为例进行介绍。

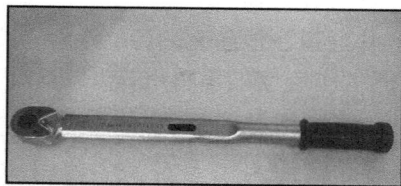

图2-1 定值式力矩扳手

图2-2 手动可调力矩扳手

手动力矩扳手主要由扭力主弹簧、扭力调整机构、锁止机构、驱动方头、外壳以及手柄等组成，具体结构如图2-6所示，其中扭力主弹簧是该类工具的核心零部件，可以通过改变扭力弹簧受压状态而改变所需力矩的大小，其自身精度为±3%，一般用在零部件装配完毕后，测量动力工具的拧紧状况，看是否达到实际规定的工艺要求。

图 2-3　手动表盘指针力矩扳手

图 2-4　棘轮扳手

图 2-5　手持式数显力矩扳手

3. 手动力矩扳手使用注意事项

1）手动力矩扳手只能用作安装紧固件（螺栓、螺母）时测量其安装力矩使用，绝不能作为拆卸工具去拧松已拧紧的紧固件。不能敲打、磕碰或作它用。使用时轻拿轻放，不许任意拆卸与调整。

2）在使用力矩紧固件的场合尽可能戴上护目镜，这样可以在突发情况下保护操作者的眼部。

3）为了保证工作人员正确使用和测量准确，防止对工具、

图 2-6　手动力矩扳手

设备的损害，必须确保所施加的力矩值在设备的允许力矩范围内。在使用力矩设备前请正确了解扳手的最大量程，不能乱用。选择扳手的条件最好以工作值在被选用扳手的量限值 20%～80% 之间为宜。

4）紧固时应使用正确的接头，否则会导致施加的力矩出现人为误差。接头应接触紧密，有足够硬度。

5）从加载的安全考虑，在扳手手柄上尽量使用拉力（力向上）而不是推力（力向下）。要调整操作姿势，防止操作失败时人员跌倒。

6）使用前后，扳手存放盒内，不可到处放置。使用后，擦拭干净放入盒内。使用力矩扳手后要注意将示值调节到最小值处，以保证其准确度及使用寿命。否则，往往会使力矩扳手提前失效或损坏。

7）使用时严禁在尾部加套管或长柄，有专用配套附件（长柄或套管）除外。力必须加在手柄尾端，使用时用力要均匀、缓慢。要正确区分扳手柄被锁住了还是扳手润滑不好这两种情况，以使扳手调节到需要的力矩值。力矩扳手锁环处于"锁住"时，不要强行转动手柄。当锁环处于"未锁住"时，调节数值，工作值选定后，使锁环处于"锁住"状态后进行工作。

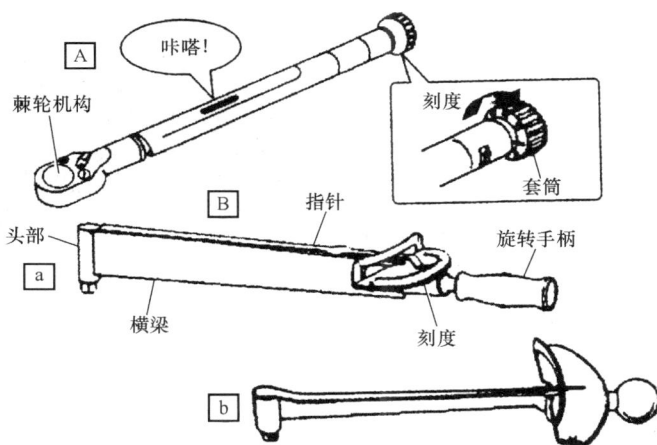

8）如果扳手较长时间未用过，（使用前）应先预加载几次，使内部工作机构的润滑油均匀流遍。

2.2.2 气动力矩扳手

气动力矩扳手以气动枪式液压脉冲扳手为代表，最初由日本瓜生公司开发研制，瑞典 Atlas-Copco 公司在此基础上对主要核心部件进行了重新开发，使精度更高，外形更美观。该类型工具具有转速高、重量轻、操作舒适、反作用小等优点，广泛用于汽车装配中预拧紧时的快速拧紧。例如，轮胎与轮毂装配时的预拧紧、动力总成与车身装配时的预拧紧等。气动枪式液压脉冲扳手主要由进气口、进气开关、正反转开关、气动马达、断气杆、液压缸、驱动方头、壳体等主要部件组成，外形如图 2-7a 所示，其主要结构如图 2-7b 所示。

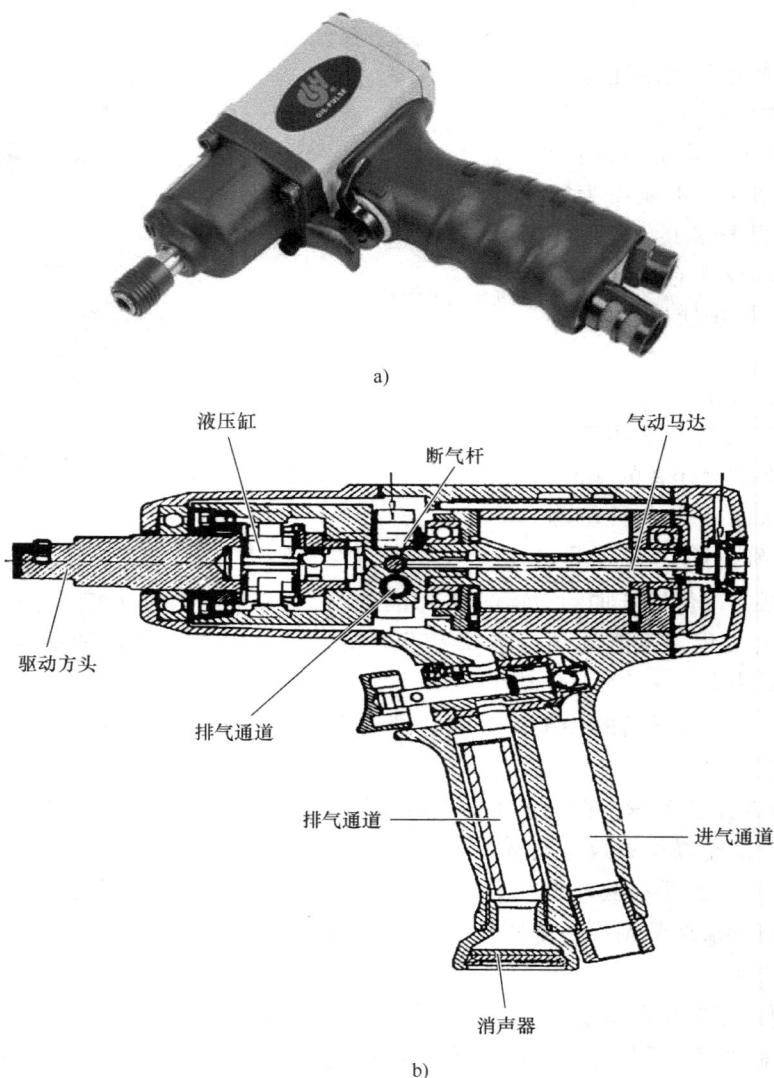

a)

b)

图 2-7 气动枪式液压脉冲扳手
a) 气动枪式液压脉冲扳手外形 b) 主要结构

当接上气源后，扣动进气开关，压缩空气顺进气通道进入气动马达并使气动马达高速旋转。马达输出轴直接带动液压缸和驱动方头作用于工件。当达到设定力矩后，液压缸开始动作，使断气阀封闭马达进气口，实现断气。

该类工具与气动弯角定矩扳手相比，中间省去了机械式离合器、行星齿轮组等重要部件。其工具自身的力矩设定和调整均依靠工具内部的液压缸，并且该液压缸还担负达到力矩后实现工具的自动断气的功用。但该类工具力矩设定和调整以及达到力矩后自动断气的重要部件是液压缸，由于液压缸内的液压油主要成分为蓖麻油，其性能在经过长时间的使用后将发生变化，影响整个工具自身的精度。所以，该类工具一般用在装配预拧紧的作业，工具自身的精度为 ±20% 左右。

2.2.3　电动工具

在现代化高品质的机械装配行业领域内，为更有力地保障机械装配过程中的拧紧质量要求，确保产品质量得到有效监控和追溯，在越来越多的机械装配领域开始广泛使用电动拧紧机和电动拧紧控制系统。该类工具完全不同于传统的气动拧紧工具，它有效地应用了微电子技术、传感技术、计算机技术等尖端技术，是一种机电一体化的产品。其主要组成如图 2-8 所示。

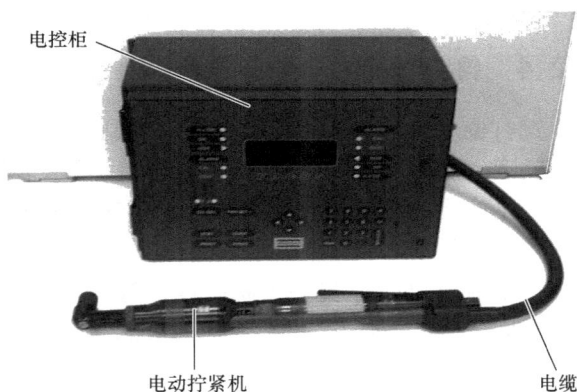

图 2-8　电动拧紧机

1. 电动拧紧机各部分的作用

（1）电动拧紧机　它是整套工具的主体部分，其内部由无刷电动伺服电动机、应变片式力矩传感器、角度编码器、内置电路、转角齿轮等组成，可按电控系统的相关电信号和输入的电力，将电能转化为机械能对外输出，实现拧紧螺栓或螺母的目的。

（2）电缆　电缆是连接拧紧机和电控柜的重要部件，在这里它不仅向拧紧机输入电力，还向拧紧机输入/输出电信号。

（3）电控柜　它主要由两大部分组成，即由控制单元和驱动单元两部分组成。它自身可以直接在操作面板上进行程序编辑，也可外接 PC 机进行拧紧程序的编辑，功能十分强劲。

2. 该类工具的工作机基本原理

操作人员根据装配工况的实际需求进行整套工具的拧紧程序编辑，压下工具电源按钮，工具在设定的程序下运作，并随时通过电缆向电控柜输入/输出力矩和角度传感信号，以便实时监控整套拧紧系统。达到力矩值后，电动拧紧机自动切断电源，并对操作人员显示拧紧合格与否。

该类工具由于采用了应变片式力矩传感器和角度编码器，对工具的整个拧紧过程进行了实时监控，并应用计算机技术进行拧紧过程控制，所以该类工具的拧紧控制精度相对较高。目前，国际流行的电动拧紧机的力矩精度能控制在 ±2% 以内，拧紧旋转角度精度能控制在

±1°以内。因此，其价格比普通的气动工具要昂贵得多，在一般的装配过程中很少使用。所以，主要用于要求较高的机械装配拧紧过程，如发动机缸体与缸盖的连接等。

简要说明上述气动、电动工具的结构后，那么从这些工具的结构原理上看，这些工具是不能直接使用的，它们必须和相关的工具附件进行有效组合才能使用。一般这些工具附件都是一些易耗材料。按使用环境不同可以分为手动工具附件和动力工具附件；按用途不同可以分为套筒类、接杆类、刀头类等。一般来说手动工具附件主要与手动主体工具(如棘轮扳手、各类手动力矩扳手等)配合使用。因此，注意使用在低转速、低频次的工况。而动力工具附件主要与动力主体工具(如气动弯角定矩扳手、液压脉冲扳手等)配合使用，相对而言其使用的工况为高转速、高频次、多冲击的场合。所以，其材质相对手动工具附件的材质要求较高，一般为铬钼钢、铬钒钢等。其同种规格大小的动力工具附件要比手动工具附件昂贵。由于使用环境的不同，在给动力工具匹配工具附件时，一般不要用手动工具附件代替动力工具附件，以防动力工具接上手动工具附件后，动力工具高速旋转运动时，将手动工具附件打坏，造成对操作人员的伤害和工具附件的早期损坏。

2.2.4 铆钉枪

铆钉枪用于各类金属板材、管材等制造工业的紧固铆接。目前，广泛地使用在汽车、航空、铁道、制冷、电梯、开关、仪器、家具、装饰等机电和轻工产品的铆接上。铆钉枪是为解决金属薄板、薄管焊接螺母易熔，攻内螺纹易滑牙等缺点而开发的。它可铆接不需要攻内螺纹、不需要焊接螺母的拉铆产品。铆接牢固效率高，使用方便快捷，如图2-9所示。

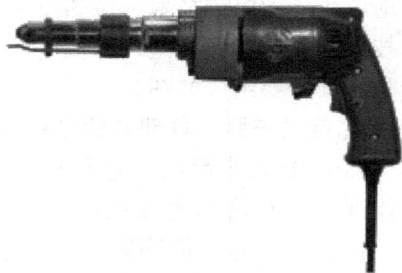

图2-9 铆钉枪

1. 铆钉枪的分类

铆钉枪按安装的铆钉不同可以分为抽芯铆钉枪、铆螺母枪、环槽铆钉枪。

按照动力不同分为气动铆钉枪、电动铆钉枪、手动铆钉枪、液压铆钉枪。

2. 铆钉枪使用方法

1）开始工作前先从进气嘴注入少量机油，保证铆钉枪的工作性能和工作寿命。

2）保持规定的进气压力。进气压力过小，会降低铆钉枪的功率，不仅铆接效率低，铆钉镦头也可能因锤击次数过多而产生裂纹。

3）冲头顶紧铆钉后才按压按钮，否则，活塞产生往返运动，会消耗一部分能量，活塞撞击壳体，使铆钉枪损坏。

4）利用防护弹簧将冲头与枪身连接牢靠，避免冲头飞出，损伤人或产品。

5）右手持握手柄，食指按下按钮，起动铆钉枪，可利用按钮调节压缩空气大小，保证铆钉枪平稳工作。铆接刚开始，由于铆钉杆较长，铆钉杆与铆孔之间的间隙较大，受锤击时铆钉杆容易弯曲，因此，应轻压按钮，使铆钉枪功率小一些，待铆钉杆填满铆孔再重压，增大铆钉功率，以迅速形成镦头，镦头接近完成时，再逐渐放松按钮，防止镦头打得过低。

6）冲头尾部按不同铆钉枪的型号配制，不应混用，避免损伤机件，降低效率。

7）使用中不应随意打空枪，避免损坏机件。

想 一 想　▶

目前汽车总装中使用的主要是气动工具还是电动工具？为什么？

2.3　汽车装配基本操作

汽车装配的特点是零件种类多，数量大，作业内容复杂。装配零部件除发动机、传动系统、车身、悬架、车轮、转向系统、制动系统、空调系统等之外，还有大量内外饰件、电器、线束、软管、硬管、玻璃、隔声材料等。汽车总装工作量约占全部制造工作量的20%～25%，其最常见的操作内容有螺栓拧紧作业、线束连接作业、管路连接作业、粘贴作业、组装作业等。

2.3.1　螺纹联接作业

汽车装配中的拧紧作业是指用螺栓、螺母等的螺钉类，将部件与车身或部件与部件联接、固定的作业。螺纹联接广泛应用在工业产品的装配中，在汽车装配中也是最常见的一种联接方式。螺纹联接被广泛地运用主要是其有着装配简单、拆卸方便、成本低等优点。

1. 螺纹联接标准

螺纹联接件的类型很多，汽车制造中常见的螺纹联接件有螺栓、双头螺柱、螺钉、螺母、自攻螺钉和垫圈等。这类零件的结构和尺寸都已形成标准，设计时根据受力及有关标准进行选用。

根据 GB/T 3103.1—2002 标准，螺纹联接件分为三个精度等级，代号分别为 A、B、C 级。其中 A 级螺纹联接件的精度最高，主要用于要求配合精确、防止振动等重要零件的联接。B 级精度多用于受载较大并且经常装拆、调整或者承受变载荷的联接。C 级精度多用于一般的螺纹联接。常用的标准螺纹联接件（螺栓、螺钉）通常选用 C 级精度。

2. 螺纹的分类

螺纹是一种在固体外表面或内表面的截面上，有均匀螺旋线凸起的形状。根据其结构特点和用途不同可分为三大类：

（1）普通螺纹　牙型为三角形，用于联接或紧固零件。普通螺纹按螺距不同分为粗牙和细牙螺纹两种，细牙螺纹的联接强度较高。

（2）传动螺纹　牙型有梯形、矩形、锯形及三角形等。

（3）密封螺纹　用于密封联接，主要是管螺纹、锥螺纹与锥管螺纹。

3. 螺纹联接件的规格

螺栓和螺母将车辆各部分的零件紧固在一起。它们在汽车上应用广泛，规格很多，为了正确进行装配，正确掌握它们非常重要。螺母、螺栓形式如图 2-10 所示。

螺栓用不同的名称以区别其尺寸和强度。车辆上使用的螺栓可根据各自区域所要求的强度和尺寸进行选择。

（1）螺栓　如 M12×1.25×10，其各参数含义如下：

M：螺纹类型，M 表示米制螺纹。

12：螺纹大径。

图 2-10　螺母、螺栓形式
a）螺栓与螺母　b）螺栓头标识

1.25：螺距，其中粗牙螺纹不标注，细牙螺纹标注。

10：螺栓长度（不包括螺栓头的厚度）。

螺栓头上标识含义如下（见图 2-10b）：

1——生产厂家。

2——1/100 的最大抗张应力（N/mm²），最大抗张应力 = $100 \times 8 N/mm^2 = 800\ N/mm^2$。

3——抗张应力与屈服之间的关系，图中值表示为 0.8，2 与 3 代表的数值，相乘得出屈服应力：$800 \times 0.8 N/mm^2 = 640 N/mm^2$。

4——米制螺纹，另外还有寸制螺纹。

（2）螺母　如 M12 × 1.25，其各参数含义如下：

M：螺纹类型，M 表示米制螺纹。

12：螺纹大径。

1.25：螺距。

（3）自攻螺钉　如 ST4.8 × 16，其各参数含义如下：

ST：自攻螺钉。

4.8：螺纹牙顶重合的假想圆柱直径，也就是自攻螺钉的规格。

16：自攻螺钉的公称长度。

4. 螺栓、螺母类型

（1）螺栓类型（见图 2-11）

1）六角头螺栓。这是最常见的一种螺栓类型。其中一些在螺栓头下有法兰盘或垫圈。也有一种是外圆内空六角的，称为内六角头螺栓。

法兰类型：螺栓头部和零件接触部分的面积很大，可以减缓螺栓头部

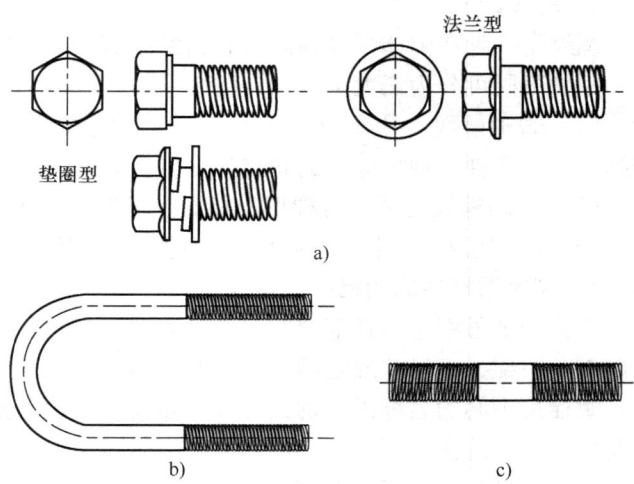

图 2-11　螺栓类型
a）六角头螺栓　b）U 形螺栓　c）双头螺柱

施加给零件的接触压力。这样，有助于减小损坏零件的可能性。

垫圈型：功用与法兰相同，也可以用于拧紧比螺栓头更宽孔洞的部件。这类螺栓在螺栓头部和垫圈之间加了弹簧垫片，可以减少螺栓松脱。

2）U 形螺栓。这些螺栓主要用于联接弹簧钢板和车桥。

3）双头螺柱。双头螺柱用于将各零件定位，或使装配简化。

（2）螺母类型（见图 2-12）

1）六角形螺母。这种螺母使用得最普遍。其中一些在螺母下有法兰盘。

2）盖螺母。盖螺母主要用作铝制轮的轮毂螺母，螺母上有盖子可盖住螺纹。盖螺母用来防止螺栓端部生锈，影响美观。

3）开槽螺母。这些螺母有多个槽或有带槽的柱面，又称作防松脱螺母。在槽中插入开口销，可防止螺母转动而变松。这些螺母主要用在各个接头上，如转向系统。

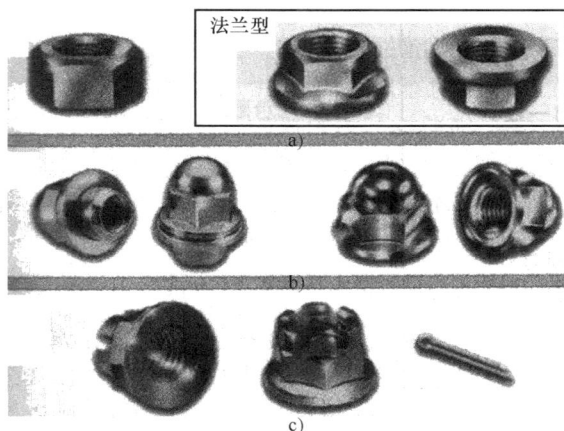

图 2-12　螺母类型

a）六角形螺母　b）盖螺母　c）开槽螺母

5. 螺栓、螺母的锁定方法

（1）采用锁紧螺母的方法（见图 2-13）　锁紧螺母有变形螺纹，或是当其拧紧到位后，其螺纹变形，以防止螺母松脱。它们与汽车的传动零件一起使用。

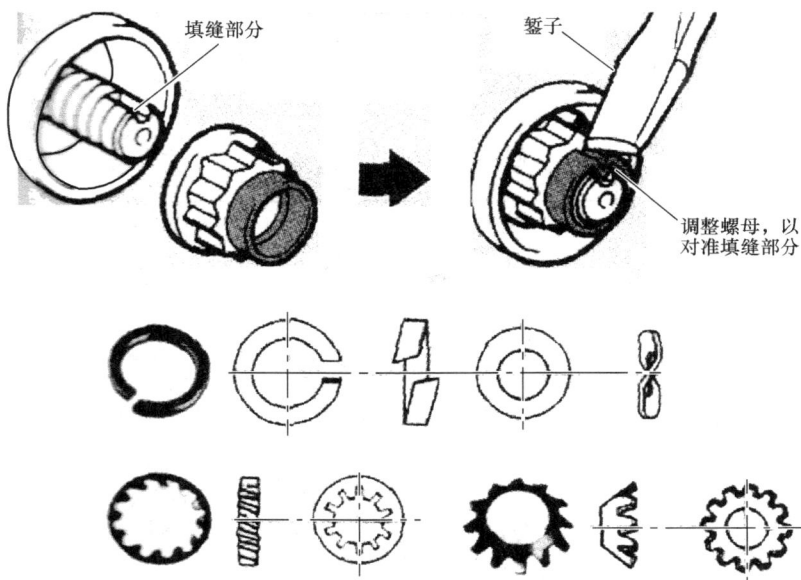

图 2-13　锁紧螺母及垫圈

（2）垫圈　在螺母、螺栓和工作面之间增加一个垫圈可防止松脱。

垫圈根据锁定方式不同通常分为以下两种类型：

1) 弹簧垫圈和波形垫圈。垫圈的弹力可以将螺栓或螺母松脱的可能性降到最低。

2) 牙嵌式垫圈。一个齿面，可以提高摩擦力，也可将螺栓或螺母松脱的可能性降到最低。

（3）开口销（见图2-14） 开口销和开槽螺母配合使用可以实现锁紧功能。它们主要与汽车的转向零件一起使用。

（4）锁紧板 锁紧板的舌片顶着螺栓或螺母安装，以防止紧固件变松。锁紧板不能再次使用。

（5）自攻螺钉联接（见图2-15） 自攻螺钉主要用来联接内饰件、装饰条和线束等。

（6）卡扣连接（见图2-16） 卡扣用来安装室内装饰件、装饰条，外部装饰件、线路等。

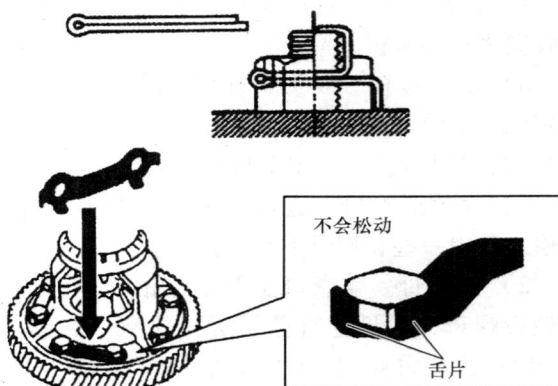

图 2-14 开口销与锁紧板

图 2-15 自攻螺钉

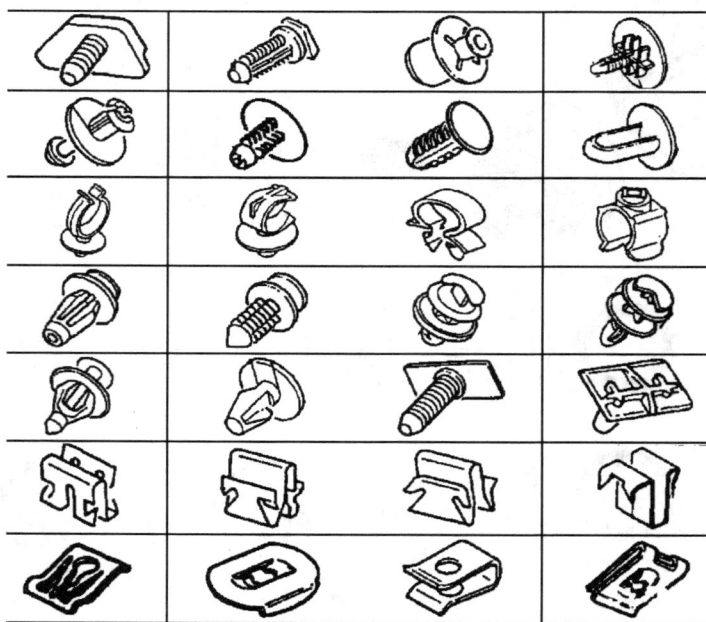

图 2-16 卡扣连接

（7）铰链连接（见图 2-17）　铰链用来连接车门、发动机罩、行李箱盖等。

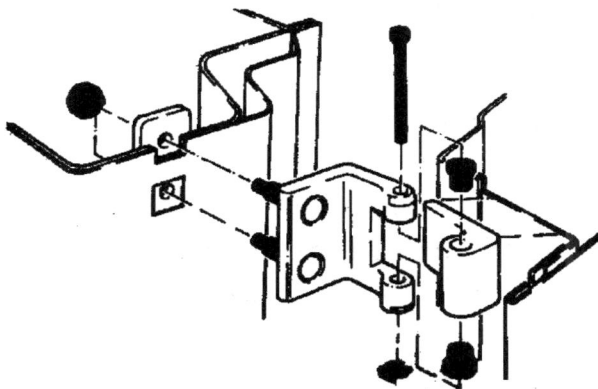

图 2-17　铰链连接

（8）螺纹联接的方式

1）螺栓—平垫圈—连接件—弹簧垫圈—螺母（平母），如图 2-18a 所示。

2）螺栓—平垫圈—连接件—自锁螺母，如图 2-18b 所示。

螺栓　平垫圈(选用)　连接件(金属体)　弹簧垫圈　螺母(平母)

a)

螺栓　平垫圈(选用)　连接件(金属体)　自锁螺母

b)

图 2-18　螺纹联接的方式（1）

3）螺栓—弹簧垫圈—平垫圈—连接件—焊接螺母，如图 2-19a 所示。

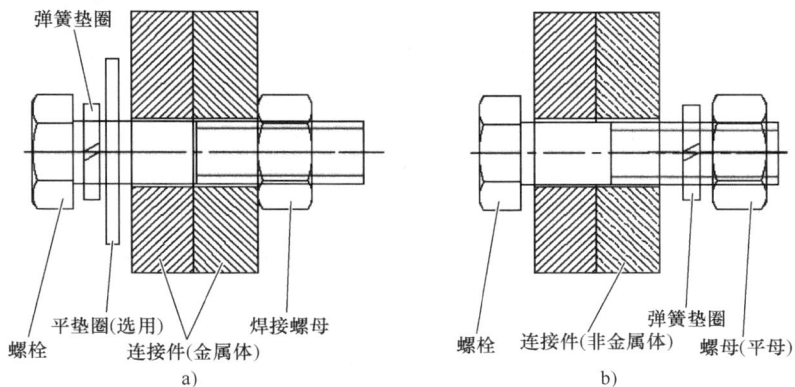

弹簧垫圈

螺栓　平垫圈(选用)　连接件(金属体)　焊接螺母

a)

螺栓　连接件(非金属体)　弹簧垫圈　螺母(平母)

b)

图 2-19　螺纹联接的方式（2）

4) 螺栓—连接件(非金属体)—弹簧垫圈—螺母(平母),如图 2-19b 所示。

拧紧时,根据螺钉的特性(尺寸、材质、形状、用途)以及通过螺钉所固定的部件的特性,在工程编写上也做了以下几项规定:

1) 指定了所使用的工夹具。

2) 规定了拧紧的程度(拧紧力矩值)。

3) 使用多个螺钉时,规定有拧紧顺序。

4) 图样上特别指定的部位需要采用定力矩扳手,进行力矩检查。

常见的汽车装配螺栓联接训练指导项目有以下五项:

1) 适合螺钉特性的正确的拧紧作业方法(作业标准)。

2) 理解用于相应作业的螺钉的特性及功能。

3) 理解通过螺钉固定的部件的特性及功能。

4) 所训练的拧紧部位的正确拧紧力矩值。

5) 工夹具的操作方法及日常维护方法。

2.3.2 线束连接作业

线束是在两个或多个孤立不通的电子电路之间架起沟通的桥梁,从而能够使电流流通,实现电子元器件的各项功能。它是各种电气和电子设备中不可缺少的一种部件。线束连接是指线束、连接器、继电器等的电线端子与端子的结合。插接件是线束的重要组成部件,在很大程度上决定线束质量的好坏,反映线束的技术含量和可靠性。所以,选取插接件的每一个细节都要高度重视,不能出现任何错误。尤其是线束工程师,更需要了解线束插接件所用材料的具体性能,这样才有助于其选取优质插接件。

护套材料(塑料件)常用的材质主要有 PA6、PA66、ABS、PBT、PP 等,设计插件时可根据不同的需求选择不同的材质,还可根据实际情况在塑料中添加阻燃或增强材料,以达到增强或阻燃的目的,如添加玻璃纤维增强材料等。

插接件用的端子材质(铜件)主要是黄铜和青铜(黄铜的硬度比青铜的硬度稍低),其中黄铜占的比重较大。另外,可根据不同的需求选择不同的镀层。

1. 线束的识读

线束可分为下列各组(见图 2-20),以方便车辆各个电气组件之间的连接。

(1) 车身接地 在车辆上,每个电气装置的负端和蓄电池的负端都连接至车身的金属薄板上,以形成电路,这种将所有负端都连接到车身上的做法被称为"车身接地"。

(2) 线缆(见图 2-21) 车辆使用的线缆主要类型有三种,为保护它们需要使用线缆保护件。

1) 低压线。它是一种广泛应用于汽车上的电线,包括电线和绝缘层。

2) 屏蔽电缆。这种缆线的设计是为了保护它免受外部干扰,被用于以下领域:无线电天线、馈线电缆、点火信号线、氧传感器信号线等。

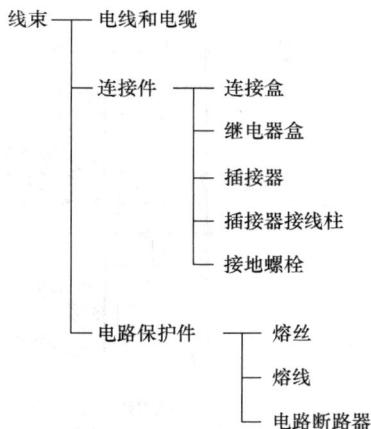

图 2-20 线束在汽车上的分组

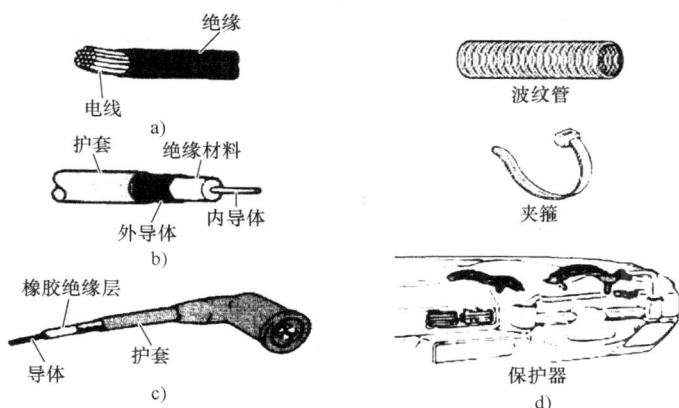

图 2-21　线缆的类型

3）高压线。高压线是一种用作汽油发动机点火系统线路的线。这种线包括表面带有一层厚橡胶绝缘层的导电芯（芯线），橡胶绝缘层可预防高压漏电。

4）电线保护件。保护件用来覆盖或绑扎线缆，或者将它们固定在其他零件上，使线束免受损坏。

（3）连接部件（见图 2-22）　为方便连接起见，线束都集中在车辆的少数几个部分。

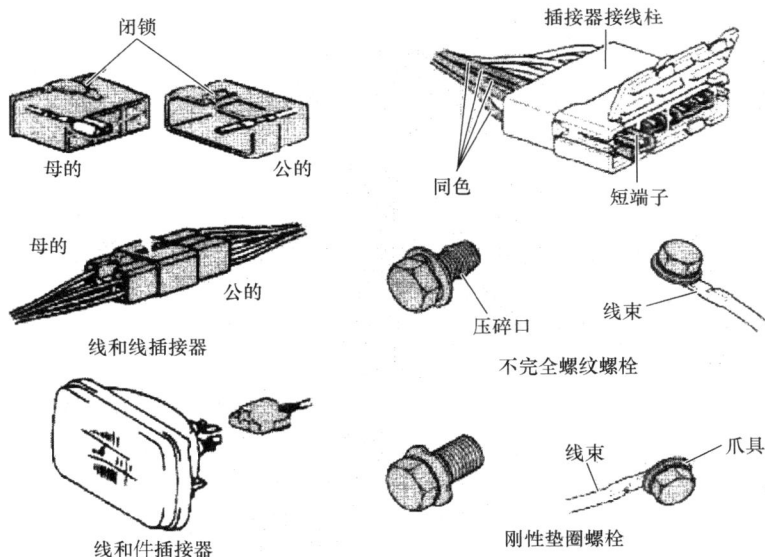

图 2-22　插接件的类型

1）接线盒（J/B）。接线盒是将电路各个插接器汇集在其内的一个零件。一般说来，它由下列器件构成：印制电路板、熔丝、继电器、断路器和其他装置。

2）继电器盒（R/B）。虽然和接线盒十分相似，但继电器盒内并无印制电路板或其他集中式接线功能。

3）插接器。插接器的功能是用在线束之间或者在线束和电气组件之间，以便提供电气插接。插接器有两种类型：线和线插接器、线和件插接器。根据它们接线端的形状不同分为公和母两种类型。插接器使用不同的颜色来区分。

4）过渡插接器。过渡插接器的功能是插接同一组的插接端子。

5）接地螺栓。使用接地螺栓将线束和电气组件接地。和普通的螺栓不同，这些螺栓表面喷上绿色漆，以防止氧化。

2．插接器的装配

车辆的电气部件通过插接器连接。因此，当拆卸和安装电气零部件时，需要断开插接器。因为插接器有不同的类型，因此要用合适的方法拆卸每种不同的插接器。连接插接器时应挂上标签，以标明连接位置。

（1）断开插接器（见图 2-23）只有在可靠地使锁销脱离啮合后，才能分开插接器。

直接拉扯线束断开插接器会扯断电线，为防止这种情况的发生，断开插接器时应握住整个插接器。当插接器很难断开时，把插接器朝连接处推动一下会有助于松开插接器锁定。

（2）连接插接器（见图 2-24）选择相匹配的插接器插头对准角度和方向进行连接，牢固地接合插接器，直至听到一个"咔嗒"的声音（锁住）。

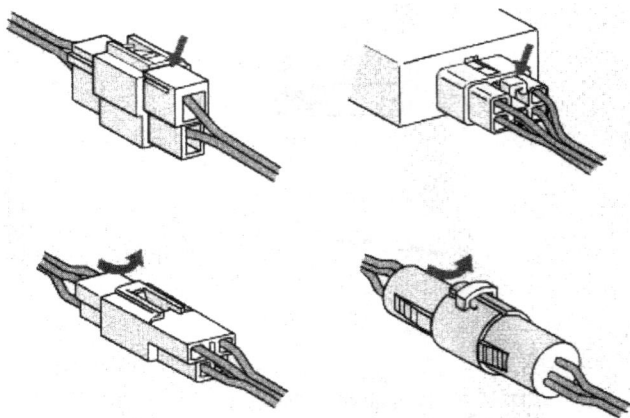

图 2-23　断开插接器

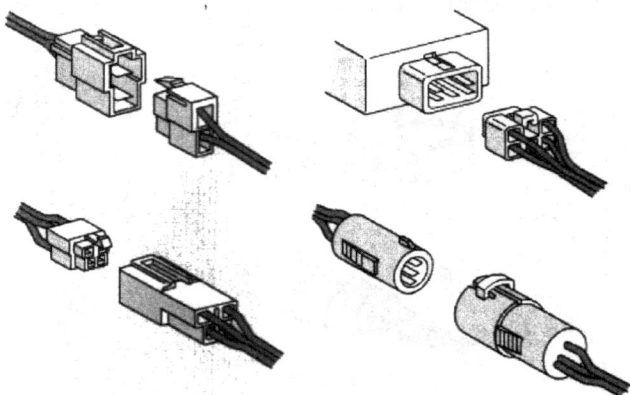

图 2-24　连接插接器

提示：在断开插接器时应参考所附的标签，根据以前的情况连接插接器。在装配零件时注意插接器的方向，并且还要注意对线束不能施加过大的力。

3．注意事项

1）听插入的声音和结合的手感来判定是否连接到位。

2）插入时手感硬，有插不进去的感觉，应拔出确认插头是否弯曲。

2.3.3　管路连接作业

管路连接的功用主要是贯通汽车相应管路的通畅。管路连接在汽车上的应用非常多，主要应用范围包括：燃油系统管路、进气系统管路、制动系统管路、空调系统管路、冷却系统管路等。实物图如图 2-25a 所示，示意图如图 2-25b 所示。

装配方法：装配时应保持胶管管腔内清洁，胶管不得有划伤。环箍安装在距离软管口

a)

紧固螺钉

管子

距离软管口5~10mm

天

5±2

插入尽头，与凸部接触

自点向下

90°

b)

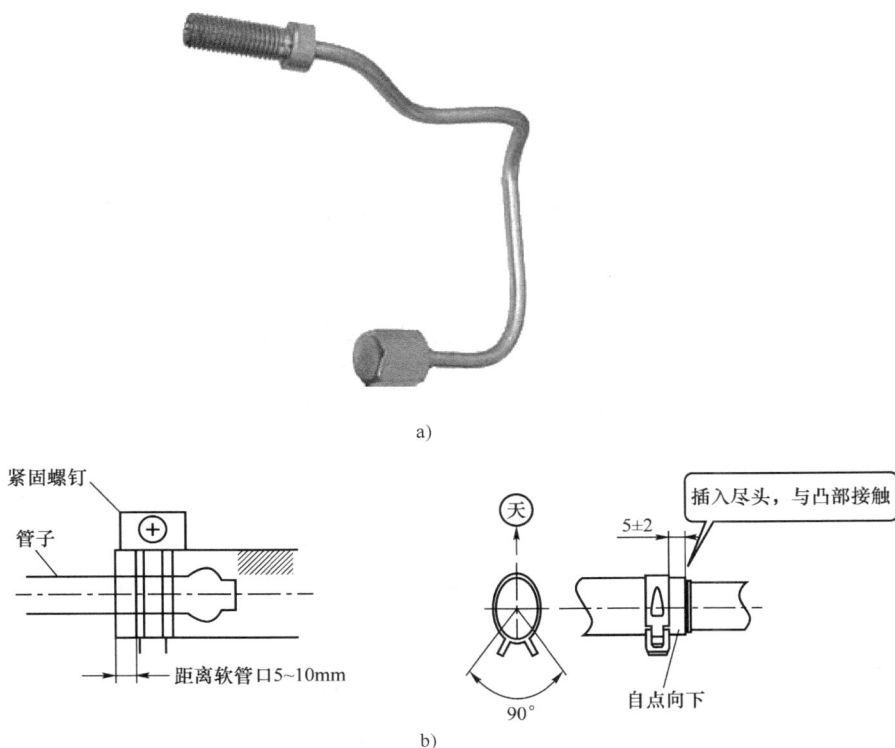

图 2-25　管路连接

a）燃油管路　b）管路连接示意图

5 ~ 10mm 的地方。环箍应安装端正，与软管口平行，不得歪斜，环箍装配状态应符合图样和工艺要求，不得随意转动装配，严禁环箍装配后与其他零部件发生动态或静态干涉。

2.3.4　粘贴作业

　　汽车总装装配中还有一些上述三种装配方式不能实现的零件部装配，这些就是需要粘贴的零部件。如内饰衬垫、隔声材料、车门内装饰护板、风窗玻璃、标志等。

　　粘贴方法：小件预先在车身上涂粘接剂，大件则在需要装的零件上直接涂粘接剂，所使用的设备有高压空气泵、储胶罐、管子、喷枪等。

　　在轿车装配中一个重要的粘贴部件是风窗玻璃，风窗玻璃装配的好坏直接影响着整车的密封性。因此采用条状涂胶，所使用的设备是自动涂胶机和定量供给装置，如图 2-26所示。

图 2-26　风窗玻璃粘贴

想 一 想 ▶

各类联接方法的使用场合。

2.3.5 组装作业

汽车产品结构比较复杂，通常生产批量较大，为保证装配质量，提高劳动生产率，根据产品的结构特点，从装配工艺角度将其分解成为可单独组织装配的单元，以便合理地安排人员、设备和工作地点，组织平行、流水作业。

这种组装作业也叫模块化装配，即是零部件和子系统的组合。为了提高装配的自动化水平，人们越来越意识到必须加强产品开发设计、生产工艺、生产管理和产品制造的密切合作。从产品设计开始就应尽可能考虑简化总装配工序，使尽可能多的分总成在总装线外先进行预装配，构成整体后再上总装线安装到车体上，也就是采用模块化装配。这样不仅可大大减少总装线上的装配时间、降低成本、提高产品的可靠性，而且便于实现自动化装配。国外很早就开始采用模块化装配技术，德尔福是模块化供应的倡导者，德尔福公司首先提出了模块化供应的新概念，并率先向奔驰公司在美国生产的 M 级车供应前座舱模块。模块化装配在汽车总装中一般应用在以下几个方面：

（1）车门模块 在车门分装线上，以内板为中心将门锁、玻璃、玻璃升降器以及密封护板等用螺栓安装于其中部，再将其车门外把手、车门铰链、密封条及玻璃滑轨安装在一起，形成车门模块，然后，再将其装到车身上，如图 2-27 所示。

（2）仪表板模块 在模块骨架上安装仪表板、空调、离合器踏板、制动踏板及转向柱，分装好后检查仪表和开关的技术性能，然后装到车身内。

（3）底盘部件模块 底盘部件模块是指分装好的发动机和变速器总成、前悬架总成、后悬架总成、传动轴、排气管、油箱等底盘部件，在线下合装好后，再装入车身，如图 2-28 所示。

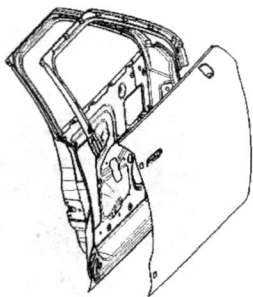

图 2-27 车门模块

图 2-28 底盘部件模块

（4）前段模块 前段模块是指安装于车身前段覆盖件上的前发动机罩盖锁和散热器面罩等。

想 一 想 ▶

模块化装配在总装车间的应用有哪些方面？

本 章 小 结

汽车总装的工序繁多，其中拧紧作业约占据整车装配连接总和的 90%，所使用的工具主要有手动力矩扳手、气动枪式液压脉冲扳手和电动工具三种，汽车总装工作量约占全部制造工作量的 20%~25%，其最常见的操作内容有螺栓拧紧作业、线束连接作业、管路连接作业、粘贴作业、组装作业等。

在工具的使用方面，分为气动和电动工具两类。但是因为气动工具性能在经过长时间的使用后将发生变化，影响整个工具自身的精度，所以该类工具一般用在装配预拧紧的作业，工具自身的精度为 ±20% 左右，在整车装配生产中一般很少采用该类工具。在现代化高品质的机械装配行业领域内，为更有力地保障机械装配过程中的拧紧质量要求，确保产品质量得到有效监控和追溯，在越来越多的机械装配领域开始广泛使用电动拧紧机和电动拧紧控制系统。

汽车产品结构比较复杂，通常生产批量较大，为保证装配质量，提高劳动生产率，根据产品的结构特点，从装配工艺角度将其分解成为可单独组织装配的单元，以便合理地安排人员、设备和工作地点，组织平行、流水作业。模块化装配在汽车总装中一般应用在车门模块、仪表板模块、底盘部件模块和前段模块。

复习思考题

1. 汽车装配时使用的工具按动力供给形式分为哪几类？目前汽车总装车间应用的工具主要是哪种？为什么？

2. 在汽车上线束主要分为哪几组？线束连接时注意事项有哪些？

3. 汽车装配最常见的联接方法有哪几类？各应用在什么场合？

4. 汽车中哪些位置使用到了粘贴作业？请举例说明。

5. 总装车间分为哪些模块化进行装配？为什么要分模块化装配？

6. 请具体观察一台汽车使用到了哪些联接方法。

第 **3** 章

总装生产与检测工艺

通过本学习情景的学习，你将做到：

1) 掌握汽车总装生产的工艺流程。
2) 掌握汽车总装生产中各生产线的结构及装配流程。
3) 掌握汽车总装的检测工艺。

情景描述 ▶

B 公司召回 17537 辆 A3 轿车

2013-11-15 23：15：11 来源：潇湘晨报

B 公司决定自 2013 年 9 月 25 日起，召回 2008 年 7 月 17 日至 2009 年 5 月 31 日生产的部分 A3 轿车，共计 17537 辆。

据质检总局通报，本次召回范围内所涉及的车辆，由于受 ABS/ESP 模块电动机批次质量问题影响，部分车辆 ABS/ESP 控制模块可能失效，存在安全隐患。但在故障发生时，车辆仪表板的 ABS 故障警告灯、驻车制动警告灯、牵引力控制警告灯会亮起提醒驾驶人，正常的制动功能不会受到影响，仍能够正常工作。

任务：请同学们根据以上报道，以小组为单位，学习和讨论对汽车检测工艺的理解，帮助企业做些关于检测方面的意见和建议，并且完成以下任务：

1) 请描述汽车生产的具体流程。
2) 请设计企业的检测方案。
3) 请描述进行汽车检测的工作流程。

相关知识 ▶

想一想：

1) 汽车总装生产的重要零件装配有什么原则？
2) 汽车总装生产的各重要工具的使用有什么注意事项？
3) 汽车总装生产中各分装线的装配流程是怎样的？
4) 汽车总装生产中的检测事项有哪些？

3.1　生产工艺流程

轿车基本采用的是承载式车身，装配特点是以车身为装配基础件，所有总成、零件都装载在车身上。汽车的装配线一般分为以下几个部分：内饰线、底盘线、最终装配线、检测线，以及仪表等一些分装线。以下均以某企业汽车生产线为例介绍。

总装工艺流程如图 3-1 所示。

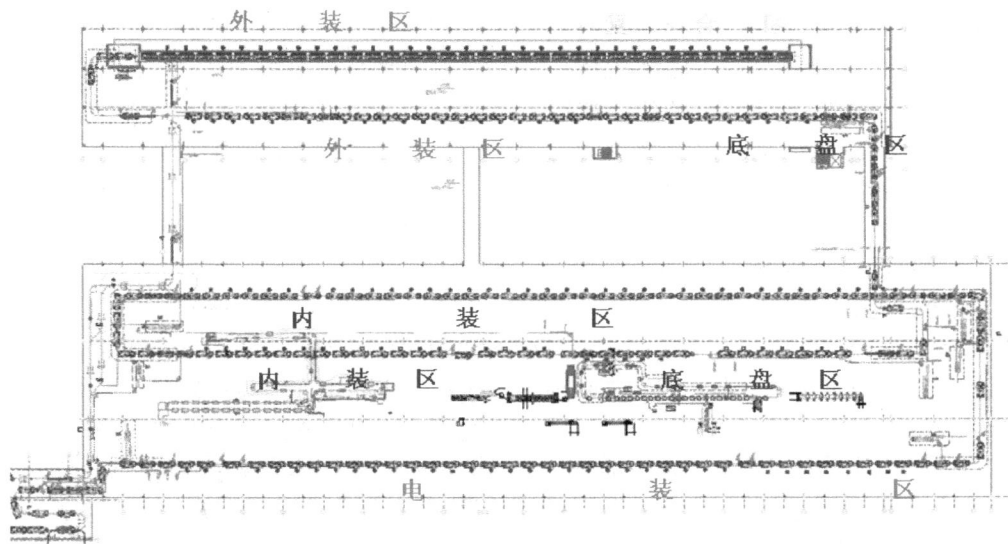

图 3-1　汽车总装工艺流程

3.1.1　内饰线

内饰通俗地称为汽车内饰，国内所说的汽车内饰，其实在英文中称作"Interiors System"。由于这部分汽车零部件具有一定的装饰性，所以业内目前通常的翻译都叫做"汽车内饰"。但是从英文"Interiors"可以知道，这部分零部件不光只有装饰作用，它们所涉及的功能性、安全性以及工程属性是非常丰富的。汽车内饰系统或者可称为"汽车内装件系统"，是汽车的重要组成部分。

内饰线是汽车在总装进行零件装配的第一道装配线。车身在经过涂装的喷涂、烘烤等作业后，完成车身上色，然后被送进总装，从内饰线开始整车零件装配。内饰线是进行整车装配的开始，也是整车装配的基础。

想一想 ▶

汽车内饰线需要装配哪些零部件？

3.1.1.1　车身上线

车身在涂装完成漆面喷涂后，由涂装进入总装车身存储线。然后，根据生产计划调度进入内饰线装配。

1. 车身存储线

车身存储线主要负责将喷涂好的车身进行分类存储和转运,当车身进入总装线后,车身存储线的控制系统通过控制摩擦板链将车身自动地分配至不同的存储区域进行储存。

2. 车身存储线→内饰线

操作员工根据每天的生产计划调度相应车型派生的车身上线。当存放车身的摩擦辊床接到放行信号后,摩擦辊床开始运转,其上承载车身的滑橇进入缓存通道等候上线。总装车间内饰线的起

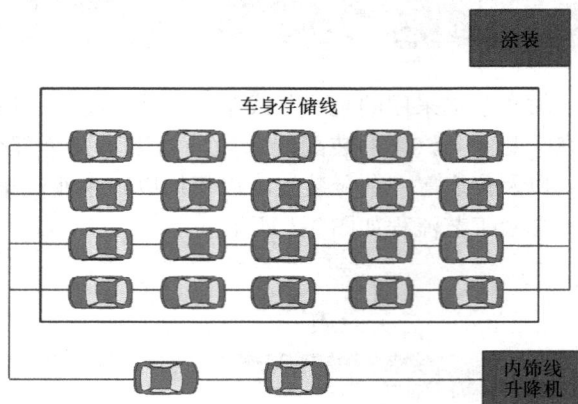

图 3-2　车身存储线

点设升降机。当滑橇进入升降机后随升降机下降,下降过程采用慢速—高速—慢速的方式。当滑橇下降到底部后,滑橇在摩擦辊床的输送下进入内饰线宽板链,如图 3-2 所示。

3.1.1.2　内饰线的流水线

1. 流水线的概念

流水线又称为装配线,是工业上的一种生产方式,指每个生产单位只专注处理某一个片段的工作,以提高工作效率及产量。按照流水线的输送方式不同大体可以分为:传动带流水装配线、板链线、倍速链、插件线、网带线、悬挂线及滚筒流水线这七类流水线。一般包括牵引件、承载构件、驱动装置、胀紧装置、改向装置和支承件等。流水线可扩展性高,可按需求设计输送量、输送速度、装配工位、辅助部件(包括快速插头、风扇、电灯、插座、工艺看板、置物台、24V 电源、风批等),因此广受企业欢迎。流水线是人和机器的有效组合,最充分体现设备的灵活性,它将输送系统、随行夹具和在线专机、检测设备有机地组合,以满足多品种产品的输送要求。流水线的传输方式有同步传输(强制式),也可以是非同步传输(柔性式),根据配置的选择,可以实现装配和输送的要求。流水线在汽车装配的批量生产中不可或缺。

2. 流水线的分类

1)板链式装配流水线。承载的产品比较重,和生产线同步运行,可以实现产品的爬坡。生产的节拍不是很快。以链板面作为承载,可以实现产品的平稳输送。

2)滚筒式流水线。承载的产品类型广泛,所受限制少。与阻挡器配合使用,可以实现产品的连续、节拍运行以及积放的功能。采用顶升平移装置,可以实现产品的离线返修或检测而不影响整个流水线的运行。

3)传动带式流水线。承载的产品比较轻,形状限制少。和生产线同步运行,可以实现产品的爬坡转向。以传动带作为载体和输送,可以实现产品的平稳输送,噪声小。可以实现轻型物料或产品较长距离的输送。

4)差速输送流水线。差速输送流水线采用倍速链牵引,工装板可以自由传送。采用阻挡器定位,使工件自由运动或停止,工件在两端可以自动顶升,横移过渡,还可以在线体上或线体旁安装旋转(90°、180°)专机、检测设备、机械手等装置。

5）悬挂式装配流水线。线体可在空间上下坡和转弯，布局方式灵活、十分有利于机械装配等作业。

内饰线一般采用板链式装配流水线和悬挂式装配流水线。这种流水线方式用于大多数内饰线装配，如图 3-3 所示。

图 3-3　内饰线的流水线

3. 流水线优缺点

1）板链式装配流水线。

优点：员工作业时，与车身同步移动，无须边作业边走动，方便员工操作。

缺点：车身高度限定，无法变更高度，不利于低矮位置的零件作业。

2）悬挂式装配流水线。

优点：可以实现车身高度的调节，有利于装配人员的操作。

缺点：需边作业，边走动。

3.1.1.3　主要设备

内饰线主要设备有：VIN 标签打印机、天窗辅助机械臂、仪表辅助机械臂，风窗玻璃涂胶设备。

1）VIN 标签打印机。VIN 标签的打印设备，通过对车身信息扫描，打印出相应的 VIN 标签。同时，VIN 标签打印机与厂内生产系统信息交互，可以检验打印的 VIN 码是否正确，从而实时获得正确的信息，如图 3-4 所示。

图 3-4　VIN 标签打印机

2）天窗辅助机械臂。天窗安装的定位及助力设备，通过气动助力系统可以实现对天窗抬起、定位、锁止等功能，方便员工进行天窗装配作业，大大减少员工的工作劳动强度，是众多机械手中的一种，如图 3-5 所示。

3）仪表辅助机械臂。仪表台合车的定位及助力设备，通过气动助力系统可以实现对仪

图 3-5　天窗辅助机械臂

表台抬起、定位及锁止等功能，方便员工进行仪表台合车作业，减轻员工工作劳动强度，如图 3-6 所示。

4）VIN 打刻设备。VIN 打刻设备将车辆识别代码打刻在规定的位置上，以便客户在使用过程中核对车辆身份信息，如图 3-7 所示。

图 3-6　仪表辅助机械臂

图 3-7　VIN 打刻设备

5）风窗玻璃涂胶设备。目前，许多车型的前后风窗玻璃涂胶采用机器人抓取玻璃涂胶方式，该涂胶方式极大地方便了装配操作，操作过程为机器人自动涂胶，然后自动安装玻璃。自动涂胶系统的玻璃对中装置技术性能独特，玻璃对中装置的重复对中定位精度可达到 $\pm 0.5\mathrm{mm}$。同时，机器人系统均配备胶型自动检测功能，采用 2D 激光位移检测方法对胶型的一致性和延续性进行实时监测，严格控制涂胶过程质量，一有异常就会报警，如图 3-8 所示。

图 3-8　涂胶机器人

想 一 想 ▶

内饰线都主要用到哪些设备？

3.1.1.4　重要零件及装配工艺简介

为节省主线的安装工时，提高整车制造效率，越来越多的零件由零化整，以总成的形式装配至车身上，即模块化装配。总装车间有许多零件以总成形式装配，例如天窗、ABS 总成、顶棚、仪表总成、四门总成、悬架等。在内饰生产线重要装配工艺有车身线束及前舱线束安装、顶棚安装、天窗安装、ABS 总成装配、安全带安装、踏板总成安装、仪表总成与车身合装、前后风窗玻璃及侧窗玻璃安装、VIN 打刻。

（1）车身线束与前舱线束　在现代汽车上，汽车线束特别多，电子控制系统与线束有着密切关系。如果把计算机、传感器与执行元件的功能用人体来比喻，可以说计算机相当于人脑，传感器相当于感觉器官，执行元件相当于运动器官，那么线束就是神经和血管。汽车线束是汽车电路的网络主体，连接汽车的电气电子部件并使之发挥功能，没有线束也就不存在汽车电路。

在装配线束时，需要注意：线束应是平顺的，没有强行扭曲的，安装时不允许强扭线束导致线束扭曲。线束长度不允许过长，导致悬空；也不允许过短，导致绷紧。线束不能与其他零件有干涉。线束与车身钣金边缘接触的部分要有充分的保护，防止线束划破，如图 3-9

图 3-9　车身线束

和图 3-10 所示。

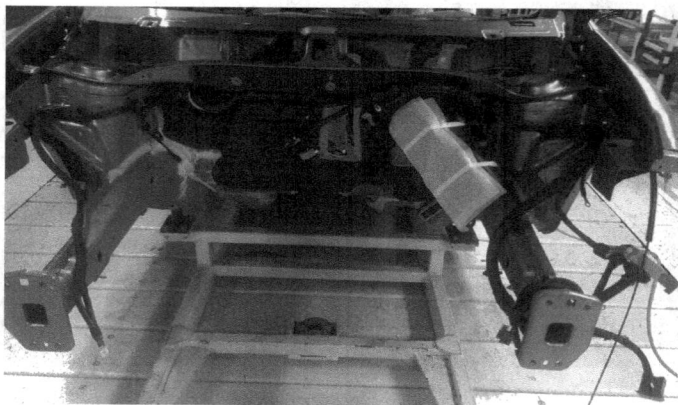

图 3-10 前舱线束

想 一 想 ▶

线束装配主要注意事项有哪些?

（2）安全带系统 汽车安全带是在汽车上用于保证乘客以及驾驶人在车身受到猛烈打击时防止乘客被弹出而造成伤害的装置。安全带系统是汽车上重要的安全保护系统之一。

汽车安全带的起源：安全带作为汽车发生碰撞过程中保护驾乘人员的基本防护装置，它的诞生早于汽车。早在 1885 年，安全带出现并使用在马车上，目的是防止乘客从马车上摔下去。1902 年 5 月 20 日在纽约举行的一场汽车竞赛上，一名赛车手为防止在高速中被甩出赛车，用几根皮带将自己和同伴拴在座位上。竞赛时，他们驾驶的汽车因意外冲入观众群，造成两人丧生，数十人受伤，而这几名赛车手却由于皮带的缘故死里逃生。这几根皮带也就成为汽车安全带的雏形，在汽车上首次使用，便挽救了使用者的生命。

1922 年，赛车场上的跑车开始使用安全带；1955 年，美国福特汽车装上了安全带；1968 年，美国规定轿车面向前方的座位均要安装安全带。欧洲和日本等发达国家都相继制定了汽车乘员必须要佩戴安全带的规定。我国公安部于 1992 年 11 月 15 日颁布了通告，规定从 1993 年 7 月 1 日起，所有小客车(包括轿车、吉普车、面包车、微型车)驾驶人和前排座乘车人必须使用安全带。《道路交通安全法》第五十一条规定：机动车行驶时，驾驶人、乘坐人员应当按规定使用安全带，摩托车驾驶人及乘坐人员应当按规定戴安全头盔。

世界上安全带的标准形式是尼尔斯发明的三点式安全带，这种汽车安全带开始为人接受始于 1967 年。尼尔斯在美国发表了《28000 宗意外报告》，当中记录了 1966 年瑞典国内所有牵涉沃尔沃汽车的交通意外。数字清楚显示，三点式安全带不但在超过半数的个案中，降低甚至避免乘客受伤的机会，而且能够保住性命。

自安全带面世以来，已有长达 1000 万 km 的安全带，装进全世界超过 10 亿辆汽车内，其长度足以围绕地球赤道 250 圈，或是往返月球 13 次之多。然而，最重要的是 40 年内无数生命因其获救，证明三点式安全带是有效的单一汽车安全设备。

在装配安全带时，需要注意：线束端子与安全带卷收器连接到位，无虚插或插不完全的问题，并确认锁止装置已锁紧到位；紧固安全带时必须保证各紧固点已达到所要求的力矩，不允许漏紧固或紧固没完成，如图 3-11 所示。

图 3-11　安全带系统

（3）踏板总成　踏板总成包括加速踏板、制动踏板和离合器踏板，是控制汽车加速、减速、制动的重要控制装置。

1）加速踏板。现在汽车的加速踏板有"地板式"和"悬挂式"两种，如图 3-12 所示。

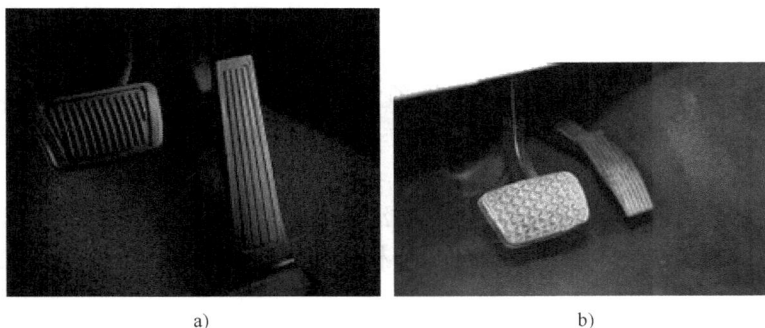

a)　　　　　　　　　　　　　　　　　　b)

图 3-12　加速踏板
a）地板式加速踏板　b）悬挂式加速踏板

从最终实现控制汽车加速的目的来看，不论是"地板式"还是"悬挂式"加速踏板，它们在本质功能上是没有任何区别的。

地板式踏板由于转轴位于踏板底部，因此脚掌可以全部踩上去，而踏板本身也就是一个支点，小腿和脚踝能更轻松地控制踏板，相应地提升了脚下控制踏板的精度，减少了疲劳感，而配合手动变速器，地板式踏板还能很轻易地做出跟趾的技术动作；相反，悬挂式加速踏板由于转轴位于支架顶端，下部结构相对要简单（单薄）一点，因此这也使得它的踩踏方式更轻巧，而且在设计上可以将踏板支架做成铁棍，所以在很大程度上可以节省成本，因此一般的厂商更喜欢选用这种踏板。

相对于地板式踏板而言，悬挂式加速踏板由于只能给前脚掌提供支点，因此长时间驾驶小腿会比较僵硬，也就是大多数人抱怨的悬挂式踏板开久了很累，并且导致它的控制精度不如地板式踏板，而且也不能很方便地做出跟趾的动作。

从车辆设计角度来看，一般车身高大的 SUV 多选用悬挂式加速踏板，这是因为它的仪表台安装位置比较高，坐姿也比较高，使用地板式踏板并不一定会适用所有驾驶人群，可能会导致人机工程不合理。不论是地板式还是悬挂式加速踏板，它们都只是一个信号采集源，从 20 世纪 80 年代末期汽车大规模的电子化变革以来，加速踏板由电子信号采集取代了传统的拉索控制，这也就使得踏板的设计不用顾忌拉索的布置，因此什么样的车匹配什么样的加速踏板，并且怎么踩得舒服便成了汽车厂商考虑的方向。

2）离合器踏板。所谓离合器，顾名思义就是说利用"离"与"合"来传递适量的动力。离合器由摩擦片、弹簧片、压盘以及动力输出轴组成，布置在发动机与变速器之间，用来将发动机飞轮上储存的力矩传递给变速器，保证车辆在不同的行驶状况下传递给驱动轮适量的驱动力和转矩，属于动力总成的范畴。在半联动时，离合器的动力输入端与动力输出端允许有转速差，也就是通过其转速差来实现传递适量的动力。

离合器和油门在汽车起步时配合不好，就会使发动机熄火或汽车起步时颤抖。发动机动力经离合器传到车轮，反映到离合器踏板上的距离只有 1cm 左右，所以在踏下离合器踏板、挂入挡位后，抬起离合器踏板至离合器摩擦片开始相互接触时，在这个位置脚要停顿一下，同时加油，待离合器片完全接触后再完全抬起离合器踏板。这就是所谓的"两快两慢一停顿"，即抬起踏板的速度两头稍快，然后两头慢，中间停顿。

3）制动踏板。制动踏板顾名思义就是限制动力的踏板，即行车制动器的踏板。制动踏板用于减速停车。它是汽车驾驶五大操纵件之一，使用频次非常高。驾驶人掌控如何直接影响着汽车驾驶安全。

汽车制动踏板操作分为：缓慢制动（即预见性制动）、紧急制动、联合制动和间歇性制动。一般情况下，缓慢制动和紧急制动时，在车轮抱死和停车前都要将离合器踏板踏到底，以便使发动机不熄火和有利于重新变换车速。

① 缓慢制动。踏下离合器踏板，同时放松加速踏板，将变速杆推至低速挡位置，随即抬起离合器踏板，右脚迅速放在制动踏板上，根据需要车速及停车点距离，逐渐用力踏下制动踏板直至停车。

② 紧急制动。汽车在行驶过程中遇到紧急情况时，驾驶人迅速、正确地使用制动器，在最短距离内将车停住，称为紧急制动。操作方法是：迅速抬起加速踏板，并立即用力猛踩制动踏板，急拉驻车制动杆，使汽车迅速停下。

③ 联合制动。变速杆在挡位内放松加速踏板，利用发动机转速牵阻降低车速，同时踏下制动踏板使车轮制动，这种靠发动机牵阻和车轮制动器制动来减速的方法称为联合制动。联合制动在正常行驶需减速时运用较多，应掌握的重点是：当车速低于本挡位内车速最低标准时，应及时换入低一挡位，否则将会加速损坏传动系统。

④ 间歇性制动。间歇性制动是断续踏下和放松制动踏板的一种制动方法。在山区行车时，由于长期下坡，制动系统易产生高温，造成制动性能降低。为防止制动系统温度过高，驾驶人常使用间歇性制动方法。另外，因气制动装置进气量不易掌握，也可使用快速间歇性制动。

在装配踏板总成时，需要注意：确认踏板总成上的每一个紧固点都紧固到位；确认踏板总成上的每一个线束端子都连接到位，无虚插或插不完全；确认制动踏板与真空助力器连接到位，如图 3-13 所示。

（4）ABS 总成　ABS（Anti-lock Braking System）防抱死制动系统，是通过安装在车轮上的传感器发出车轮将被抱死的信号，控制器根据信号指令调节器降低该车轮制动缸的油压，

图 3-13 踏板总成

减小制动力矩，经一定时间后，再恢复原有的油压，这样不断地循环（每秒可达 5～10 次），始终使车轮处于转动状态而又有最大的制动力矩。ABS 是汽车制动中一个极其重要的功能系统。

没有安装 ABS 的汽车，在行驶中如果用力踩下制动踏板，车轮转速会急速降低。当制动力超过车轮与地面的摩擦力时，车轮就会被抱死，完全抱死的车轮会使轮胎与地面的摩擦力下降。如果前轮被抱死，驾驶人就无法控制车辆的行驶方向；如果后轮被抱死，就极容易出现侧滑现象。

提示：在遇到紧急情况时，制动踏板一定要踩到底，只有这样才能激活 ABS 系统，这时制动踏板会有一些抖动，有时还会有一些声音，但也不能松开，这表明 ABS 系统开始起作用了。

当车轮即将到达下一个锁死点时，制动液的压力使得制动分泵重复作用，如此在 1s 内可作用 60～120 次，相当于不停地制动、放松，即相似于机械的"点刹"。因此，ABS 防抱死系统，能避免在紧急制动时方向失控及车轮侧滑，使车轮在制动时不被锁死，不让轮胎在一个点上与地面摩擦，从而加大摩擦力，使制动效率达到 90% 以上，同时还能减少制动消耗，延长制动鼓、制动片和轮胎两倍的使用寿命。装有 ABS 的车辆在干柏油路、雨天、雪天等路面防滑性能分别可达到 80%～90%、10%～30%、15%～20%。

ABS 系统本身也有局限性，它仍然摆脱不了一定的物理规律。在两种情况下，ABS 系统不能提供最短的制动距离：一种是在平滑的干路上，由有经验的驾驶人直接进行制动；另一种情况是在松散的砾石路面、松土路面或积雪很深的路面上制动。

另外，通常在干路面上，最新的 ABS 系统能将滑移率控制在 5%～20% 的范围内，但并不是所有的 ABS 都以相同的速率或相同的程度来进行制动。尽管四轮防抱制动系统能使汽车在尽可能短的距离内进行制动，但如果制动进行得太迟，使之在与障碍物碰撞前不能完全停下来，仍不能阻止事故的发生，如图 3-14 所示。

在装配 ABS 总成时，需要注意：分装时，确保每一根管路都与 ABS 模块完好连接，并且每一个连接点都达到要求的紧固力矩。安装 ABS 总成时，确保 ABS 稳妥地安装在支架上，无松脱；确认线束连接到位，无虚插或插不完全，并确认锁止装置已锁紧到位，如图 3-15 所示

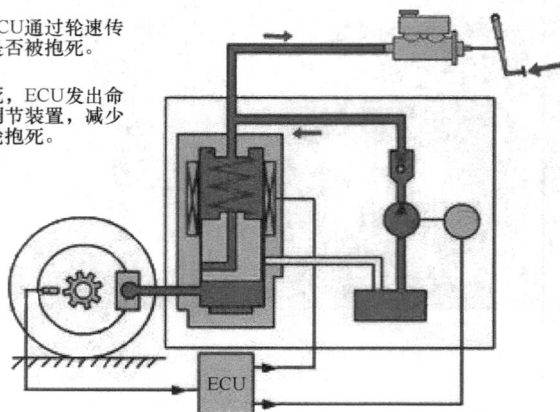

ABS系统工作原理示意图

❯ 制动过程中，ECU通过轮速传感器判断车轮是否被抱死。

❯ 如车轮即将抱死，ECU发出命令，通过制动调节装置，减少制动力防止车轮抱死。

ECU

图 3-14 ABS 工作原理

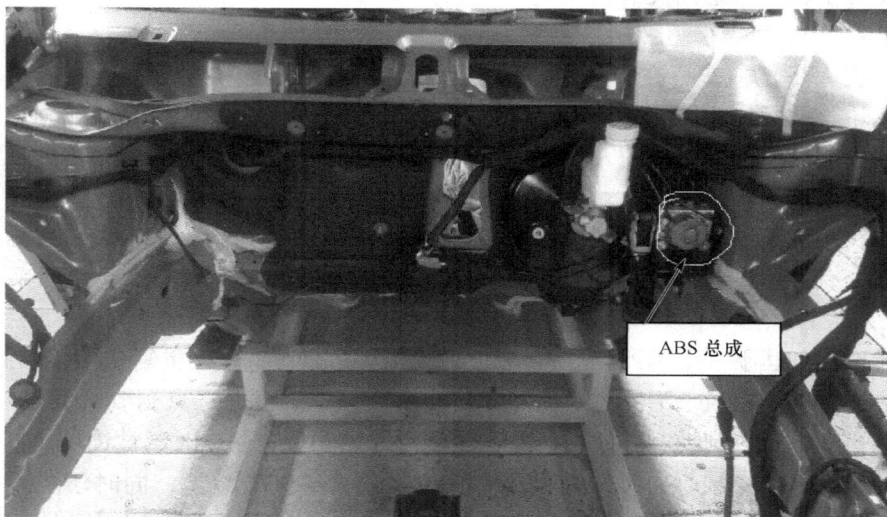

ABS 总成

图 3-15 ABS 总成

（5）仪表台总成。仪表台总成是人与汽车的主要交互系统，也是驾驶人对汽车实施控制的主要控制手段。

仪表台总成利用机械手夹取、定位，再用电动工具紧固，高精度地、轻松地完成与车身的合装。机械手的投入使用，一方面降低了操作劳动强度，另一方面确保了仪表总成的装配精度。

在仪表台合车时，需要注意：仪表台与其他零件没有干涉，仪表线束与车身线束没有被仪表台及其他零件挤压导致损坏的风险；确认仪表线束与车身线束连接到位，无虚插或插不完全，并确认锁止装置已锁紧到位，如图 3-16 所示。

（6）VIN 打刻　仪表总成经仪表线完成组装后，进入 VIN 打刻工位，操作工通过扫描车身上车辆身份代码来调取需要打刻的 VIN 码，设备获得 VIN 信息，待操作工将打刻设备

图 3-16 仪表台总成

夹紧到右侧地板横梁上之后，设备在获得启动指令后自动打刻，打刻完成后，操作工将设备归位。VIN 打刻完后，需对 VIN 进行拓印和防锈处理，以便客户上牌使用。因涉及法规，故 VIN 打刻及拓印的工序十分重要，VIN 必须要清晰，无少码、错码，特别是车身 VIN 区域不能出现任何人为修改痕迹。

（7）前后窗玻璃及侧窗玻璃安装　该工序主要是完成前后窗玻璃及侧窗玻璃的清洁、底漆涂装、涂胶、安装等。前后窗玻璃安装由两位操作人员配合完成，两位操作人员分别位于车身的左右两侧，先将风窗玻璃两侧定位夹具安装至车身上，左侧员工利用吸盘吸取风窗玻璃，放置到车身上，拍紧，安装完成后取出夹具。利用夹具安装，能有效保证风窗玻璃与车身的间隙及高度差，极大程度提升了整车外观品质。

3.1.1.5　紧固工具简介

总装的紧固工具主要包括电池工具、电动工具、手动扳手、铆钉枪等。因为内饰线紧固件的力矩值普遍偏小，且力矩等级多数为 C、D 级，故 95% 采用电池工具紧固，另 5% 地线紧固点采用电动工具紧固，相关的数据信息通过 UTE 数据系统在网络中进行传输和存储，以便进行追溯。针对部分力矩有衰减的点，采用力矩扳手进行复紧。

3.1.1.6　物流方式简介

总装车间主流的物料配送有 KITTING（物料小车按派生配送）、JIS（线边零件按派生顺序配送）、JIT（线边按零件种类配送）三种模式。根据零件落点、所在工位的物流空间及零件结构特点灵活选择每种零件具体配送方式。

KITTING 的配送模式，就是将需要安装的零件放在"工作台车"上，且一个"工作台车"放置一辆车零部件，工作台车跟随车辆向前推进，而各个岗位上的装配作业员各取所需、实时装配，既减少了线边库存，又能有效杜绝错装、漏装的情况，员工也能够更专注于装配作业，提高装配的质量和效率。

针对生产线上有多派生的，且体积较大的零件，采用 JIS 配送模式，即按照生产车型顺序对零件进行排序上线。这种配送模式有效地解决了线边零件摆放空间不足的问题。

想 一 想 ▶

汽车总装车间的物流方式主要有哪些?

3.1.2 底盘分装线

底盘分装线因其自身功能结构原因,大部分为总成件的生产,外加专用设备较多,故其线体一定程度上有别于主线,有以发动机附件装配为一类的滑触式线体,和以发变合装、制动器总成、前后横梁总成、前悬总成为一类的链板式线体。链板式线体具有即停即走的特点,由作业人员自行控制作业台的放行,灵活自由,但相对作业面积较小,由于线体本身的影响,作业人员只能完成自己所在线、体的作业。

3.1.2.1 发动机附件装配生产线机械装备说明

机械装备"发动机附件装配生产线"是一种工业用机械装备,它专门设计和制造用于执行发动机—变速器上部件的手动装配操作。

图 3-17 所示为某工厂的发动机附件装配生产线组成及布局图。

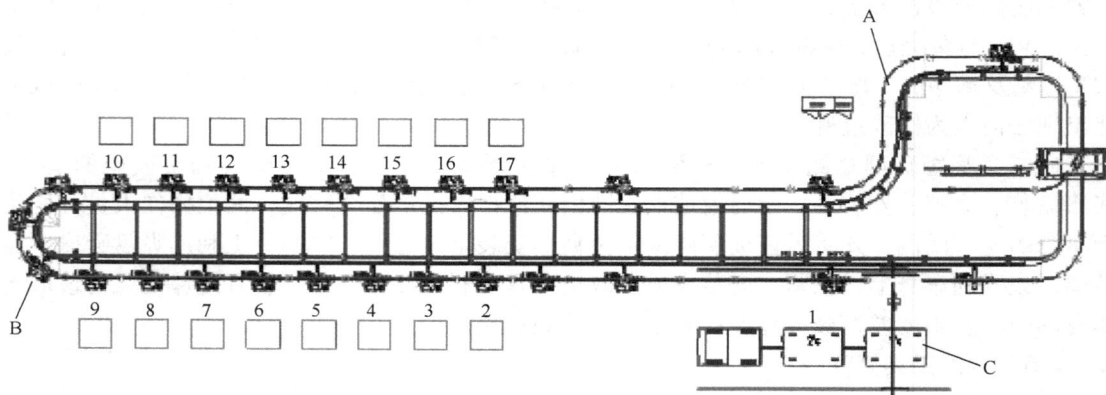

图 3-17　某工厂的发动机附件装配生产线组成及布局图

A—EMS 生产线(开关、阅读器、连接杆)　B—吊架(怠速电动机载重滑车、吊钩、安全传感器)　C—配电箱

3.1.2.2 前悬机械装备说明

"前悬总成装配生产线"是一种设计用于执行装配工作的工业机械装备。该机械装备安装在装配区域(装配车间),由一个滑橇运输系统(用于沿着不同的工作站装卸生产货盘)以及多个进给装置和设备(用于执行预见的操作)组成。

图 3-18 所示为某工厂前悬总成的运输系统组成及布局图。

3.1.2.3 底盘分装线装配内容

各线体供应关系如图 3-19 所示,为确保各线体正常运转,上工序线体必须及时向下工序线体供应总成产品。为减小供应压力与风险,各线体在设计时或具有一定的缓存能力,或使用物流转运车以保持一定存货。

生产流程-前悬总成生产线

前悬总成生产线高空和地面工作流程

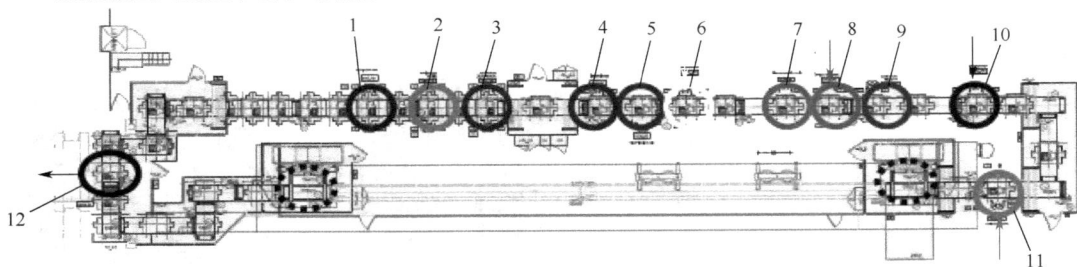

生产流程说明：
11：OP10 在半货盘上装载动力传动系组
10：OP20 装载前部横梁
9：OP30 几何形状
8：OP40 半轴油脂加注
7：OP50 装载半轴
6：OP60 装载右侧/左侧拐角
5：OP70 注油
4：OP80 用BOA对摇臂进行螺纹联接
3：OP90 对螺母—轮毂进行螺纹联接和挤压
2：OP100 用螺纹联接将拉杆联接至转向机构箱
1：OP110 对稳定杆进行螺纹联接
12：升降机将装载好的半货盘朝向面板发送至高空连接

图 3-18 某工厂前悬总成的运输系统组成及布局图

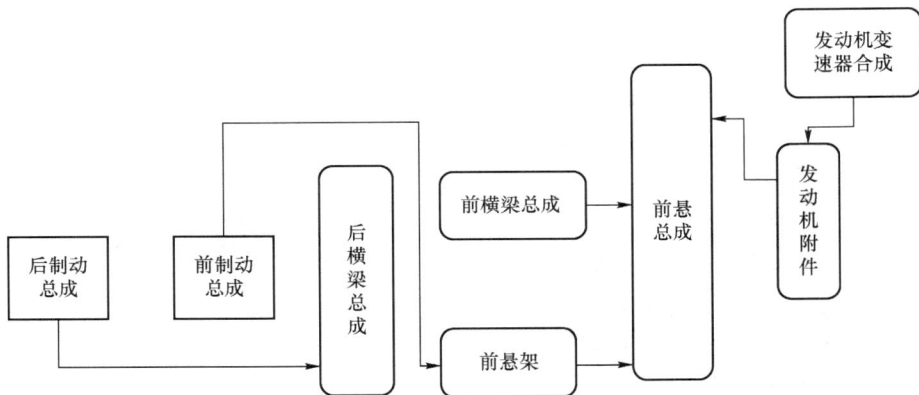

图 3-19 底盘分装线线体供应关系

想 一 想 ▶

底盘分装线都有哪些内容？

1. 制动系统

制动系统一般由制动操纵机构和制动器两个主要部分组成，如图 3-20 所示。

其中，制动操纵机构产生制动动作，控制制动效果，并将制动能量传输到制动器的各个部件，如图 3-20 中的 2、3、4、6，以及制动轮缸和制动管路。制动器产生阻碍车辆的运动或运动趋势的力（制动力）。汽车上常用的制动器都是利用固定元件与旋转元件工作表面的摩擦而产生制动力矩，称为摩擦制动器。它有鼓式制动器和盘式制动器两种结构形式。

（1）鼓式制动器（见图3-21）　鼓式制动器主要有轮缸式制动器、凸轮式制动器、楔式制动器。

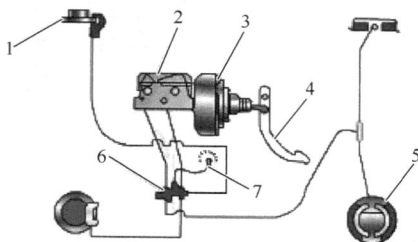

图 3-20　典型轿车制动系统总成

1—前轮盘式制动器　2—制动缸　3—真空助力器

4—制动踏板机构　5—后轮鼓式制动器

6—制动组合阀　7—制动警告灯

图 3-21　鼓式制动器

（2）盘式制动器　盘式制动器由功能装置、控制装置、传动装置、制动器以及制动力调节装置、报警装置、压力保护装置等附加装置组成，分为定钳盘式制动器和浮钳盘式制动器。与定钳盘式制动器相反，浮钳盘式制动器轴向和径向尺寸较小，而且制动液受热汽化的机会较少。此外，浮钳盘式制动器在兼充行车和驻车制动器的情况下，只需在行车制动钳液压缸附近加装一些用以推动液压缸活塞的驻车制动机械传动零件即可。故自20世纪70年代以来，浮钳盘式制动器逐渐取代了定钳盘式制动器。制动盘有普通盘式和通风盘式两种，通风盘式具有更好的散热与制动性能，如图3-22所示。

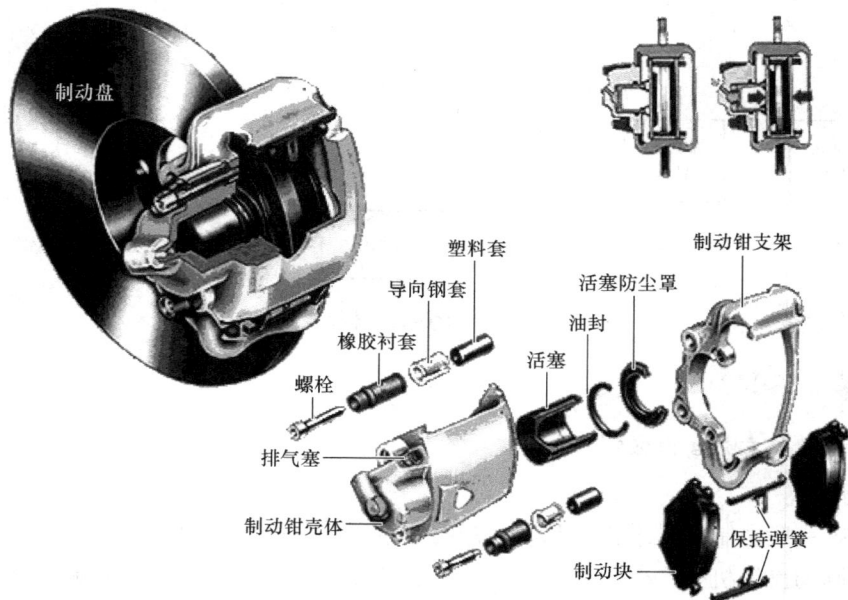

图 3-22　桑塔纳轿车盘式制动器

2. 前、后横梁总成

（1）前横梁总成　汽车的底盘性能无外乎舒适性、操控性两大主题，而这两大功能又是相互制约的、矛盾的。传统悬架系统通常只能偏向一方调校。在悬架系统的设计和匹配上，设计师们都尽可能地用一些复杂结构来实现舒适性和操控性的平衡。而一些对舒适性和操控性影响较大的装备和设计也应运而生。副车架就是一个典型的代表。副车架可以看成是前后车桥的骨架，是前后车桥的组成部分。在副车架诞生以后，前后悬架可以先组装在副车架上，构成一个车桥总成，然后再将这个总成一同安装到车身上。

由此，复杂的悬架系统由散件变成了总成。同样的悬架总成可以安装在不同的车身上。也就是说，如今的悬架设计已经不像过去，需要针对车身来开发与其匹配的悬架，而是可以直接装上总成，只需稍作调校就能实现良好匹配。这种总成式的车桥能够很好地降低成本，提高技术利用率。

当然，这种带副车架的悬架总成，除了在设计、安装上能带来各种方便和优越性以外，最重要的还是其舒适性和悬架刚度的提高。图 3-23 所示为集成了前悬和前制动总成的某款副车架。

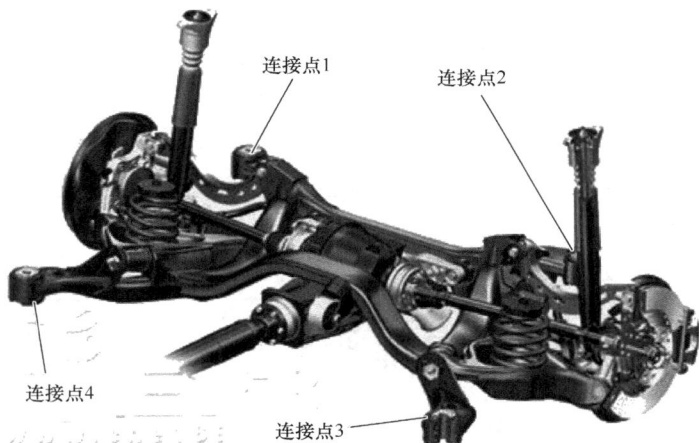

图 3-23　集成了前悬和前制动总成的某款副车架

（2）后横梁总成　车桥通过悬架和车架(或承载式车身)相连，它的两端安装车轮，其功用是传递车架(或承载式车身)与车轮之间各方向的作用力及其力矩。

根据悬架结构的不同，车桥分为整体式和断开式两种。根据车桥上车轮的作用不同，车桥又可以分为转向桥、驱动桥、转向驱动桥和支持桥，如图 3-24 所示。

3. 悬架

悬架是车架(或承载式车身)与车桥(或车轮)之间的一切传力连接装置的总称。它的功用是把路面作用于车轮上的垂直反力(支承力)、纵向反力(牵引力和制动力)和侧向反力以及这些反力所造成的力矩都传递到车架(或承载式车身)上，以保证汽车的正常行驶。

现代汽车的悬架尽管有各种不同的结构形式，但一般都由弹性元件、减振器和导向机构组成。

汽车悬架可分为两大类：非独立悬架和独立悬架。非独立悬架两侧车轮安装于一整体式车桥上，当一侧车轮受冲击力时，会直接影响到另一侧车轮。独立悬架两侧车轮安装于断开式车桥上，两侧车轮分别独立地与车架(或车身)弹性地连接，当一侧车轮受冲击，其运动

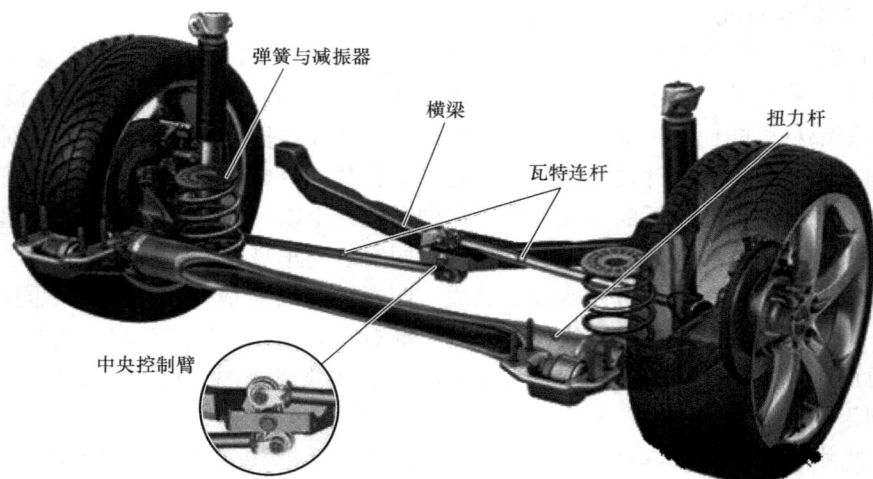

图 3-24　支持桥

不直接影响到另一侧车轮，如图 3-25 所示。

独立悬架的结构复杂，制造成本高，保养维修不便。在一般情况下，车轮跳动时，由于车轮外倾角与轮距变化较大，轮胎磨损严重。

独立悬架按车轮运动形式不同分三类：

1）车轮在汽车横向平面内摆动的悬架（横臂式独立悬架）。双横臂式独立悬架上下两摆臂不等长，选择长度比例合适，可使车轮和主销的角度及左右车轮接地点间距离变化不大。摆臂大多做成 V（或称 A）字形。上下两个 V 形摆臂的内端与车架铰接，外端与转向节铰接。

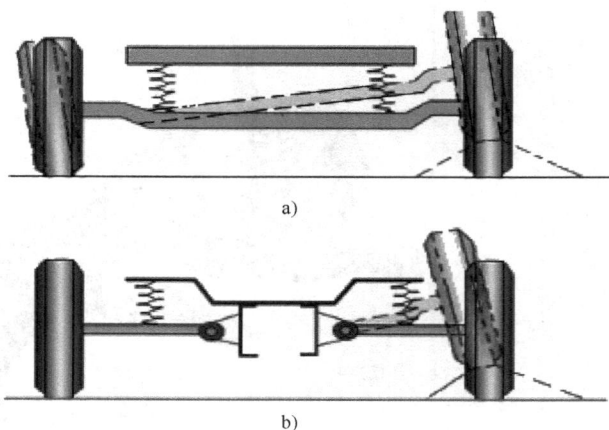

图 3-25　汽车悬架
a）非独立悬架　b）独立悬架

2）车轮在汽车纵向平面内摆动的悬架（纵臂式独立悬架）。

3）车轮沿主销移动的悬架，其中包括烛式悬架和麦弗逊式（悬架滑柱连杆式）悬架。在麦弗逊式悬架中，减振器起到引导车轮跳动的滑柱的作用。减振器上端通过橡胶支承与车身相连接，该橡胶支承能起到球铰的作用。减振器缸筒下端固定在转向节上，转向节通过铰链与横摆臂连接，该铰链中心与减振器上端球铰中心的连线构成转向主销轴线。当车轮上下运动时，主销定位角和左右车轮接地点间距离会有变化。通过适当地调整杆系的布置，能使这些变化的量保持在极小的范围内，该悬架占用横向空间小，有利于发动机向下布置，使汽车的重心降低，目前在轿车前悬架中采用很多，如图 3-26 所示。

因非独立悬架结构简单，工作可靠，被广泛应用于货车的前后悬架。主要有纵置板簧式非独立悬架、螺旋弹簧非独立悬架、油气弹簧非独立悬架等种类。

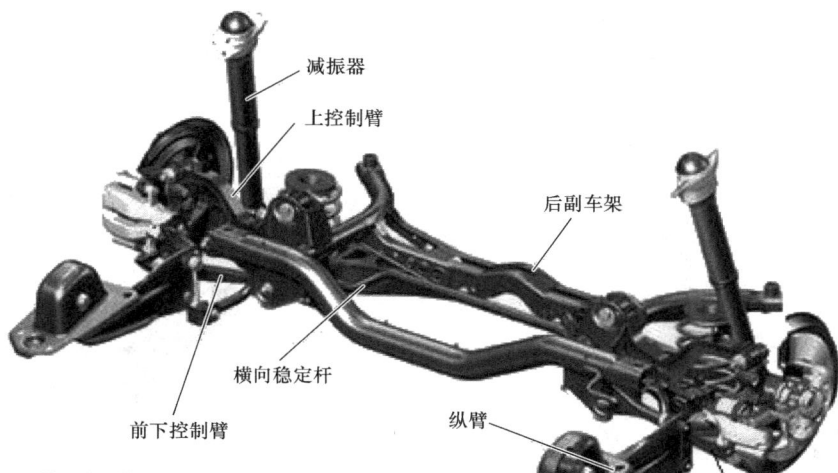

图 3-26　麦弗逊独立悬架

4. 减振器及减振弹簧

减振器在汽车行驶过程中起着不可小视的作用。在悬架压缩行程内，减振器阻尼力应较小，以便充分利用弹性元件的弹性来缓和冲击。在悬架伸张行程内，减振器阻尼力应较大，以求迅速减振。当车桥与车架的相对速度较大时，减振器应当能自动加大液流通道截面积，使阻尼力始终保持在一定限度之内，避免承受过大的冲击载荷。液力减振器主要分为双向作用式减振器和单向作用式减振器。目前，新型减振器有充气式减振器、阻力可调式减振器，如图 3-27 所示。

图 3-27　减振器

想 一 想

你见到的减振器与减振弹簧的安装方式是怎样的？

减振弹簧主要分为钢板弹簧、螺旋弹簧、扭杆弹簧、气体弹簧和橡胶弹簧等。

1）钢板弹簧。钢板弹簧分为多片簧、少片簧。本身能起导向作用，如图 3-28 所示。

图 3-28　钢板弹簧

2）螺旋弹簧。螺旋弹簧主要应用在独立悬架中。优点：无润滑，不忌油污；安置所需的纵向空间不大；弹簧本身质量小。螺旋弹簧本身没有减振作用，因此在螺旋弹簧悬架中必须另装减振器。此外，螺旋弹簧只能承受垂直载荷，故必须装设导向机构，以传递垂直力以外的各种力和力矩，如图 3-29 所示。

3）扭杆弹簧。扭杆弹簧本身是一根由弹簧钢制成的扭杆，扭杆断面通常为圆形，少数为矩形和管形，如图 3-30 所示。

4）空气弹簧。空气弹簧主要用橡胶件作为密闭容器，它分为囊式和膜式两种，工作气压为 0.5~1MPa。这种弹簧随着载荷的增加，容器内压缩空气压力升高，使其弹簧刚度也随之增加，载荷减小，弹簧刚度也随空气压力减小而下降，具有理想的变刚度弹性特性。油气弹簧以气体作为弹性介质，用油液作为传力介质。简单的油气弹簧不带油气隔膜。目前，这种弹簧多用于重型汽车，在部分轿车上也有采用的，如图 3-31 所示。

图 3-29 螺旋弹簧

图 3-30 扭杆弹簧

5）橡胶弹簧。橡胶弹簧利用橡胶本身的弹性来起弹性元件的作用。它可以承受压缩载荷与扭转载荷。其优点是单位质量的储能量较金属弹簧多，隔声性能好，工作无噪声，不需要润滑。由于橡胶弹簧的内摩擦较大，因此橡胶弹簧具有一定的减振能力。橡胶弹簧多用于悬架的副簧和缓冲块，如图 3-32 所示。

图 3-31 空气弹簧

图 3-32 橡胶弹簧

5. 汽车转向系统

汽车转向系统的功能是保证汽车能按驾驶人的意志进行转向行驶，同时对操纵稳定性有一定的影响。

转向系统按能源的不同分为机械转向系统和动力转向系统两大类。机械转向系统以驾驶人的体力作为转向能源，其中所有传力件为机械的。机械转向器由转向操纵机构、转向器和转向传动机构组成。动力转向系统是在机械转向系统的基础上加设一套转向加力装置而形成的，如图 3-33 所示。

6. 转向器及转向操纵机构

转向器主要有齿轮齿条式、循环球—齿条齿扇式、循环球曲柄指销式和蜗杆曲柄指销式等。

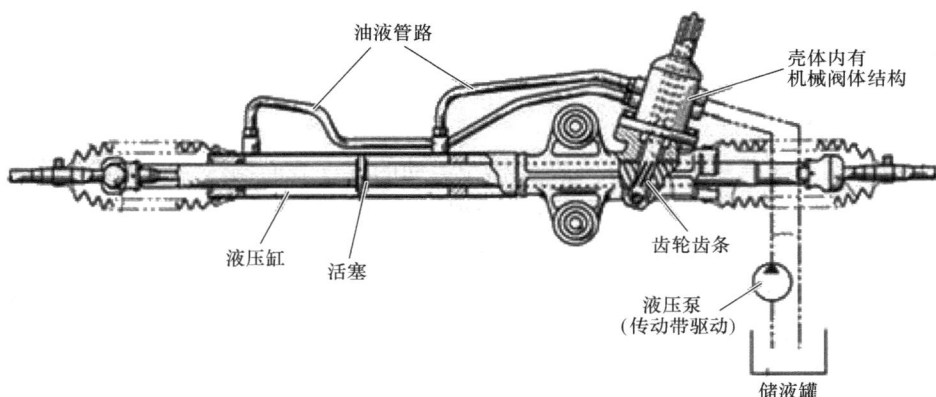

图 3-33 液压助力转向系统构造

齿轮齿条式转向器分两端输出式和中间输出式两种。采用齿轮齿条式转向器可以使转向传动机构简化（不需转向摇臂和转向直拉杆等），齿轮齿条无间隙啮合无须调整，而且逆传动效率很高，如图 3-34 所示。

循环球　齿条齿扇式转向器是目前国内外应用最广泛的结构形式之一。一般有两级传动副：第一级是螺杆传动副，第二级是齿条齿扇传动副。转向螺杆转动时，通过钢球将力传给转向螺

图 3-34 齿轮齿条式转向器

母，螺母即沿轴向移动。同时，在螺杆及螺母与钢球间的摩擦力偶作用下，所有钢球便在螺旋管状通道内滚动，形成"球流"。在转向器工作时，两列钢球只是在各自的封闭流道内循环，不会脱出，如图 3-35 所示。

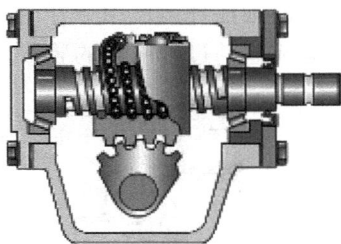

蜗杆曲柄指销式转向器的传动副以转向蜗杆为主动件，其从动件是装在摇臂轴曲柄端部的指销。转向蜗杆转动时，与之啮合的指销即绕摇臂轴轴线沿圆弧运动，并带动摇臂轴转动，如图 3-36 所示。

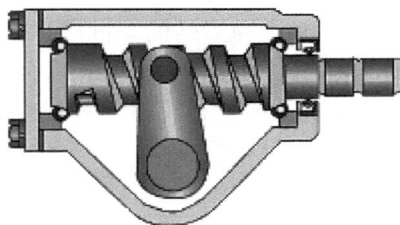

图 3-35 循环球—齿条齿扇式转向器

图 3-36 蜗杆曲柄指销式转向器

转向操纵机构由转向盘、转向轴、转向管柱等组成，它的作用是将驾驶人转动转向盘的操纵力传给转向器。

想 一 想 ▶

不同的汽车转向器类型一样吗？

7. 发动机附件

1）润滑系统。润滑系统的功用是向作相对运动的零件表面输送定量的清洁润滑油，以实现液体摩擦，减小摩擦阻力，减轻机件的磨损，并对零件表面进行清洗和冷却。润滑系统通常由润滑油道、机油泵、机油滤清器和一些阀门等组成，如图 3-37 所示。

2）冷却系统。冷却系统的功用是将受热零件吸收的部分热量及时散发出去，保证发动机在最适宜的温度状态下工作。水冷发动机的冷却系统通常由冷却水套、水泵、风扇、散热器、节温器等组成，如图 3-38 所示。

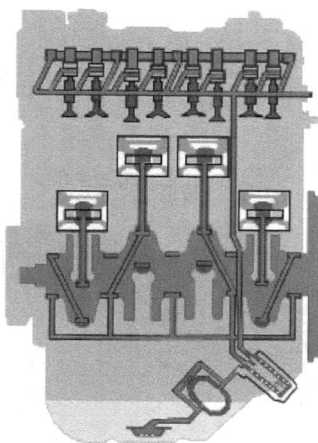

图 3-37　润滑系统

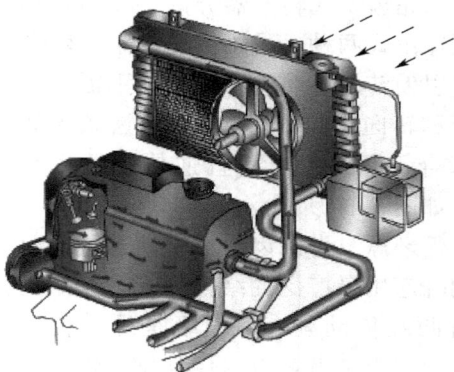

图 3-38　冷却系统

3）点火系统。在汽油机中，气缸内的可燃混合气是靠电火花点燃的，为此在汽油机的气缸盖上装有火花塞，火花塞头部伸入燃烧室内。能够按时在火花塞电极间产生电火花的全部设备称为点火系统，点火系统通常由蓄电池、发电机、分电器、点火线圈和火花塞等组成，如图 3-39 所示。

4）起动系统。要使发动机由静止状态过渡到工作状态，必须先用外力转动发动机的曲轴，使活塞作往复运动，气缸内的可燃混合气燃烧膨胀做功，推动活塞向下运动使曲轴旋转。发动机才能自行运转，工作循环才能自动进行。因此，曲轴在外力作用下开始转动到发动机开始自动地怠速运转的全过程，称为发动机的起动。完成起动过程所需的装置，称为发动机的起动系统，如图 3-40 所示。

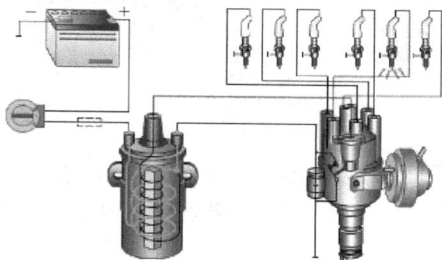

图 3-39　点火系统

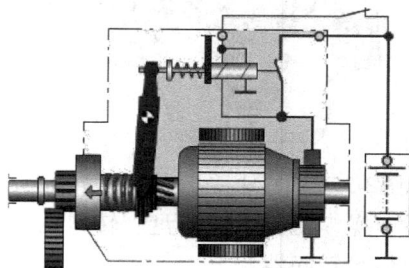

图 3-40　起动系统

想 一 想 ▶

发动机都有点火系统吗？

3.1.3　车门分装线

车门线属于总装的一条分装线，主要负责车门门饰板、车窗、升降机、线束、后视镜等车门部件安装。

1. 车门组成

车门分为整体式和框架式两种，框架式结构如图 3-41 所示。

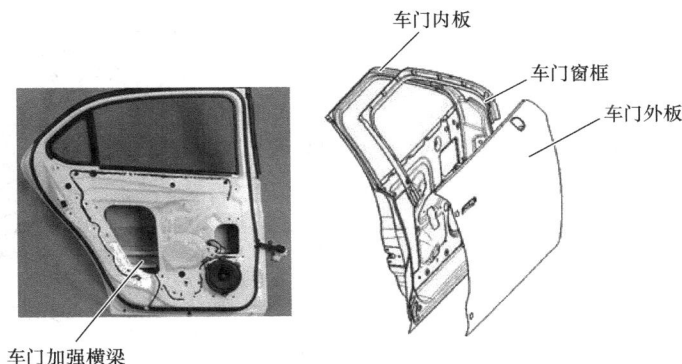

图 3-41　框架式车门结构

框架式车门结构主要由车门外板、车门加强横梁、车门内板和车门窗框组成。

（1）车门外板　车门外板由薄钢板冲压成形。

（2）车门加强横梁　即车门防撞梁，有封闭的圆管截面形式，也有高强度钢板冲压成形的形式。

（3）车门内板　它既是重要的支撑板件，又是车门附件的安装体，一般采用较厚的薄钢板制作。具有以下的特点：

1）需拉延出较深的周边形成门厚。

2）板面上需要冲压出各种形状的凸凹台，用于附件机构的安装。

3）冲压出各种加强筋，以提高刚性，减小振动噪声。

（4）车门窗框　大多采用薄钢板冲压成形或滚压成形。

窗框结构断面要考虑的要点如下：

1）与车身侧围门框的正确配合。

2）良好的密封性能，密封条、玻璃导槽的布置和安装结构。

3）符合玻璃升降的要求。

4）窗框本身刚度，这对密封影响较大。

5）窗框与内、外板的连接结构。

2. 车门附件

（1）铰链

1）铰链的连接刚度不足，是车门下沉的主要原因，除了在连接位置加加强板外，在布置铰链时尽量加大两铰链之间的间距。一般来说，上铰链的上端到下铰链的下端要保持在400mm 左右的间距。

2）两铰链的轴线应在同一条直线上。在布置铰链时，轴线尽可能地向车身外方向移动，减小运动干涉的可能性。并且轴线具有一定的内倾角度，使车门有自动关闭的趋势。

3）铰链布置好后，作运动干涉及门开度校核。

4）铰链的装配结构设计应保证车门与门框的相对装配位置可以调整。其次，为提高铰链的连接刚度，应使螺钉的连接孔分布面积较大，并且铰链的装配面要平整。

（2）玻璃升降机构。目前主要有单臂式、叉臂式和钢丝绳传动结构，如图 3-42 所示。

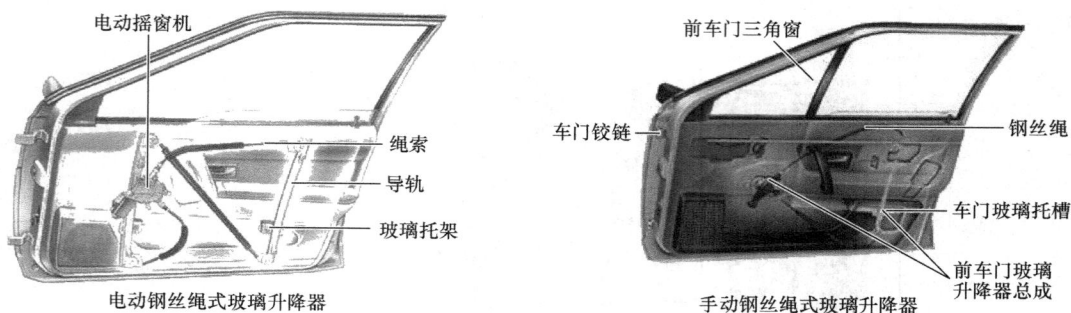

电动钢丝绳式玻璃升降器 　　手动钢丝绳式玻璃升降器

图 3-42　钢丝绳传动结构

1）车门窗框上具有平行的玻璃导槽，采用钢丝绳传动式。结构简单，成本低，安装布置方便，占用车门内空间小，如图 3-43 所示。玻璃在非平行的导槽内升降时，采用叉臂式。要保证玻璃重心在升降过程中始终位于两个支承点之间，从而保证平稳性。

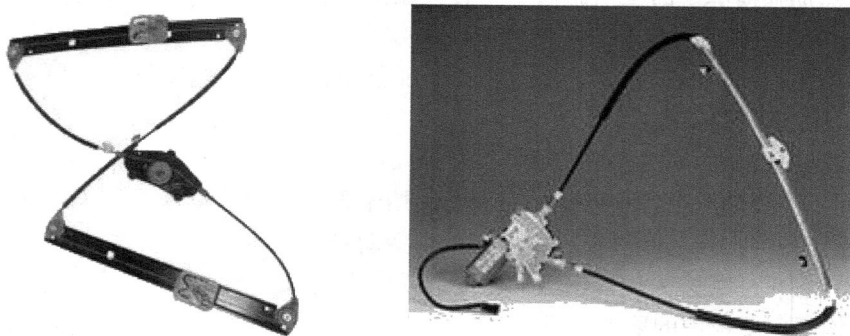

图 3-43　钢丝绳玻璃升降机构

2）对于无窗框的车门，玻璃升降的平稳和升降由玻璃托架来控制，托架应沿升降导轨移动。

3）对于大曲率弧形升降面，玻璃升降时，其玻璃托架的横向移动较大，同样采用钢丝绳传动式。

3. 车门分装工艺流程

（1）车门线输送设备介绍

1）车门装配线。车门装配线是由输送设备（包括空中悬挂和地面）和专用设备（如举升、翻转、压装、加注、涂胶、检测、螺栓螺母的紧固设备等）构成的有机整体。

输送设备主要用于总装配线、各总成分装线以及大总成上线的输送。其包括空中悬挂和地面两种输送设备。

2）车门储存分装线。车门线大多采用的是空中悬挂式摩擦线，输送线的传送速度可以根据生产需要进行调节，以满足现场的生产需求，如图 3-44 所示。车门储存分装线主要负责车门的储存、分装和转运，线体采用积放式悬挂输送机，用于转挂从内饰线车身拆下的车门及将分装好的车门送于最终装配线。车门吊具在分装的时候应考虑回转，以便于车门里外两面的分装工作。在工艺段设置平衡轨，保证分装工作操作的平稳性。工艺段采用慢链速度进行装配加工。

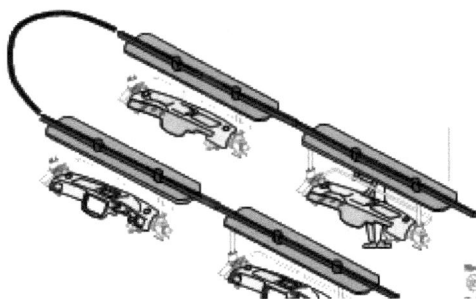

图 3-44　车门线

（2）工艺过程　在总装车间里，在内饰线拆下左右四个车门，借助于助力机械手，分别将左侧两车门及右侧两车门置于相应的吊具内，输送至车门分装区，车门分装工位采用慢链进行分装，分装完的车门再转为快链输送至最终装配线的相应工位。由两台垂直升降机将携带车门吊具落下，借助于助力机械手将分装好的车门装到原车身上。

空中悬挂式车门储存分装线出入口的转接过程如下：

1）内饰线→车门储存分装线。空吊具接到升降段内允许进入的信号后，被高速拉入升降段，升降段接到吊具到位的信号后，开始下降，下降过程应为慢速—高速—慢速。下降至低位的时候停止，随后助力机械手将从车身上拆下的车门放于吊具上，随后人工发出释放的信号，升降段携带车门提升，提升过程也采用慢速—高速—慢速的方式。车门提升到高位后带出转接工位进入下面的工序。

2）车门储存分装线→总装线。携带车门的吊具在接到升降段允许其进入的信号后，进入升降段，完全到位后下降，下降的过程分为慢速—高速—慢速。升降段下降到位后等待操作工人将车门取下，待操作工将吊具上的车门取下并安装到车身上后发释放信号，接到释放信号后，升降段起升，待到上位后，吊具退出升降段进入下一循环。

（3）装配工具　车门线的装配主要需要的是电池工具。电池工具的一个力矩范围是 $0.5 \sim 50 \mathrm{N \cdot m}$，紧固精度为 $\pm 10\%$，优点是：移动方便，力矩稳定，价格低；缺点是：力矩范围小，大力矩时反作用力明显。使用时注意电池枪的反冲力对人体的影响，图 3-45 所示为常见的电池工具。

（4）电池枪的使用和力矩的管理　在物理学里，作用力使物体绕着转动轴或支点转动的趋向，称为力矩（Torque）。转动力矩又称为转矩。力矩能够使物体改变其旋转运动。推挤或拖拉涉及作用力，而扭转则涉及力矩。力矩等于径向矢量与作用力的积。

简略地说，力矩是一种施加于好像螺栓或飞轮一类的物体的扭转力。例如，用扳手的开口钳紧螺栓或螺母，然后转动扳手，这动作会产生力矩来转动螺栓或螺母。

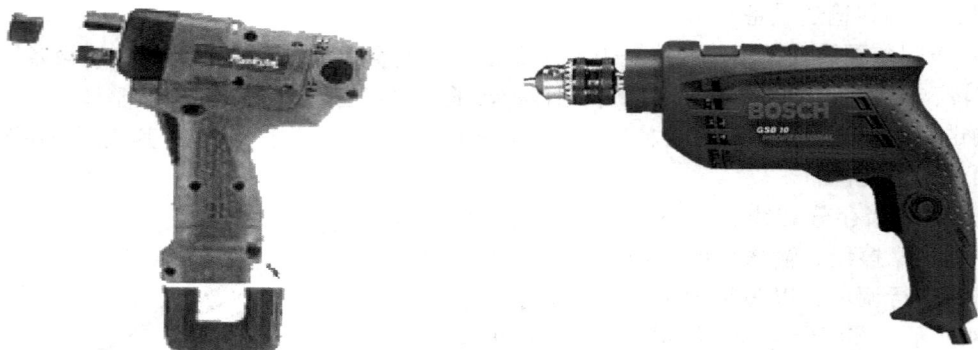

图 3-45　电池工具

力矩管理是总装生产品质保证的重要项目，力矩的精度是衡量车辆装配品质的重要标准。在装配过程中出现的螺栓漏拧紧或者力矩过小都是重大的品质不良项目。而在力矩管理中，工具的选择也是衡量管理水平的一个重要标准。

电池枪使用的具体规范流程如下：

1）确认电池枪型号、力矩值。

2）使用前检查开关状态。

3）使用过程中保持枪身与紧固点（螺栓／螺母）垂直或平行。

4）对于直柄式，需两手作业。

5）采用一次拧紧，避免重复拧紧。

6）使用完成后关闭开关。

（5）车门线零件的装配要求　车门线安装的主要零件有：玻璃导槽、内外水切、玻璃升降器模块、车门后视镜、车门门饰板。

玻璃升降器的安装要求：首先取件时必须保证模块的完整性，紧固模块时先对角紧固，再逆时针紧固，最后可以点油确认。在紧固时必须保证手臂与电池枪和门模块垂直。

门饰板的安装要求：安装门饰板时必须确认胶钉安装到位，确保零件的完整性。存在安装困难时注意使用工装进行安装。

4. 总的装配要求

（1）装配的完整性　按照工艺规程，所有零部件和总成必须全部装上，不得有错装、漏装现象。车门构造复杂，类型众多，这就要求装配员工有细致的心态，做到不错装、不漏装，保证装配的正确性。

（2）装配的完好性　车门的外观对车门的质量具有重要意义，这就要求员工在装配时按工艺规定，所装零部件和总成不得有凹痕、弯曲、变形等机械损伤及锈蚀现象。

（3）装配的紧固性　按工艺规定，螺栓等联接件必须达到规定的转矩要求，不得有松动及过紧现象。

（4）装配的密封性　按工艺规定，气路、油路接头不允许有漏气、漏油现象，气路接头处必须涂胶密封。其中车门玻璃升降模块是车门中很重要的零件之一，在拧紧时要特别注意操作手法。因为，如果拧紧不良，会造成车门在淋雨检测时发生渗漏现象。

（5）装配的统一性 各种变型车应按生产计划配套生产，不允许有误装、错装现象。

3.1.4 仪表分装线

仪表分装线线体一般采用较为先进的摩擦线输送方式，主要是完成仪表台上各个零件的分装工作。

想 一 想 ▶

仪表分装线都需要装配哪些零件？

3.1.4.1 仪表线设备简介

摩擦输送改变了传统地依靠链条作为传动介质的方式，利用摩擦轮与吊具间的摩擦力完成工件的输送。与传统积放链式输送相比，具有低噪声（<70dB）、扩容改造便利、能耗低（约为传统链式输送能耗的40%）、效率高（输送速度是传统链式输送的2倍）、环保无污染（无须润滑油）、价格低（约为传统积放链产品价格的80%）、日常运行成本低、维修方便、节省空间等众多优点。摩擦系统与升降机、移载机等专用设备相结合，通过先进的计算机智能化电控系统，能准确完成零部件的转运。

仪表线末端配置有检测设备，对仪表总成零件与车身是否配置、线束是否连接完好等功能进行检测。如发现故障，可以立即返修，确保总成装配达到整车的品质要求，降低了故障车的返修工时和成本，如图3-46所示。

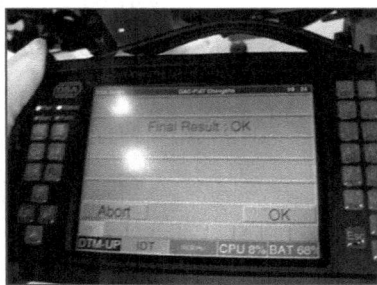

图3-46 仪表检测设备

3.1.4.2 汽车仪表板总成简介

汽车仪表总成主要包括仪表横梁、仪表线束、转向柱、电子转向柱锁、组合仪表、喇叭、风机、阳光传感器、导航仪、CD机、蓝牙模块、组合开关等功能性零件，以便驾驶人通过信息屏幕随时掌握车辆的各种信息，如车内外温度、油耗等，而这个整体的配件就叫做仪表总成。本条生产线用于仪表板的分装以及输送工作。

3.1.4.3 物流方式简介

仪表线绝大部分零件都是中小型零件，采用 KITTING、JIS、JIT 三种模式的综合，对于不同零件的特征，采取不同的配送模式。其中 KITTING 是指采用地面小车形式，装载着零件采用插销连接仪表吊具，由吊具带动着前进，在需要的时候可将分装小车拉出轨道。仪表板支撑在可回转的夹具上，依靠定位销确定回转角度，以便于各个角度的零件装配操作。

3.1.4.4 重要工序简介

重要工序，顾名思义，是指非常重要的操作工序。按照零件及汽车系统的重要级别或法规要求相关零件，对重要零件装配过程需要重点控制。

仪表总成承载了汽车大部分控制元件，仪表装配线有较多的重要工序，如安全带紧固、副安全气囊紧固、行车 ECU 紧固、转向柱紧固、组合仪表紧固、组合开关紧固等。对于这些重要工序，除了装配过程必须严格按照有效的工艺文件执行，还必须要求装配员工有较高的品质意识，主动地发现问题并参与改善。

3.1.4.5 零件追溯

仪表线所装配的电器零件较多，为保证整车重要零件的品质"有据可寻"，许多零件实现可追溯，即在零件安装之前，操作人员利用扫描枪对零件上的追溯条码进行扫描，然后扫描车辆身份代码，从而将各零件的信息上传至追溯系统，如有需要，可随时调出某台车的某个零件安装时的状态。

3.1.5 终装线

终装是汽车装配的最后一个工段，汽车四轮落地后，其他零件开始落地装配，标高开始变低，这就使得很多低工位之前很难装配的零件落在了终装进行装配。

3.1.5.1 终装物流简介

终装属于主线装配，主线速度是一定的，采用的是宽板链方式运送车辆进行装配加工。部件主要由链条、输送板、驱动站、张紧装置、驱动张紧骨架和中间骨架组成。

（1）链条　为减小摩擦因数和防止爬行现象，采用滚轮内装滚动轴承的形式。

（2）输送板　输送板为 7mm 钢板折边而成，如图 3-47 所示。

图 3-47　输送板

（3）驱动站　驱动站采用摆线针轮减速机直联变频电动机，结构简单，使用安全可靠。驱动站设张紧装置，可方便地调整链条松紧。

（4）张紧装置　张紧装置采用滑动轴承座支撑张紧轴，梯形螺纹的丝杆分别张紧。这是一种成熟的结构，在板式输送机中大量采用。

（5）驱动张紧骨架　采用型钢焊接而成，主要受力方向加有斜撑，能提供足够的强度和刚度，地脚采用可调节高度的装置，安装方便。

（6）中间骨架　片架采用槽钢焊接而成，上轨道采用轻轨（GB 11264-2012）用压板固定在片架上。下轨道采用角钢与片架焊接而成。该结构的中间骨架结构简单，安装简便。

3.1.5.2 工艺过程及技术要求

最终装配线应根据生产的需要调整运行速度，底盘装配线吊具在得到最终装配线允许进入的信号后方可进入转接工位，吊具下降将汽车底盘平稳落在最终装配线的输送板上后，打开吊具脱离转接工位。汽车底盘在最终装配线上完成最终装配和油液加注后，由试车工起动下线开进整车检测线进行整车检测。

1. 技术要求

1）装配线运行应平稳，无爬行现象出现。

2）链条与链轮啮合平稳，无噪声和卡滞现象。

3）电动机电流在额定范围内，电动机温升不超出规定值。

4）减速机和轴承无异常温升。

5）电气控制及联锁应可靠，信号指示醒目正确。

2. 电气控制技术要求

装配线电气控制系统设计应满足工艺要求，并充分考虑系统的可靠、安全及管理的方便性。其具体要求如下：

1）总控制台设在驱动端，每个工位设按钮盒一个，按钮盒设急停、求援两个按钮。按钮盒沿线体交叉布置。

2）在操作面板上应设置手动和自动的切换。在手动状态下，可分别进行点动和连续运行的操作。

3）电动机要求有过载保护。

4）为方便调试和维修，电动机在空载时应能短时反转。

5）线体连续运行，无级变频调速。

6）急停按钮与电动机联锁，故障排除后按解除按钮方可起动。

3.1.5.3 终装紧固工具简介

终装使用的工具主要有电动工具、电池工具和气动工具三种。

（1）电动工具 有抗扭臂式、有线、无线三种形式，使用过程中要严格按照使用规范进行，电动工具的使用规范如下：

1）确认型号、扭力值。

2）使用前检查开关状态。

3）使用过程中保持枪身与紧固点（螺栓/螺母）垂直或平行，对于直柄式，需两手作业，采用一次拧紧，避免重复拧紧，使用完成后关闭开关。

（2）电池工具 有电池枪和扭力扳手两种形式。使用规范如下：

1）使用前检查电源、控制器状态。

2）检查气路是否有折、扭、弯（抗扭臂式）。

3）检查线路是否有干涉（有线式）。

4）使用过程中保持枪身与紧固点（螺栓/螺母）垂直或平行，一次性拧紧，按下开关至电池工具停止转动，使用完成需关闭开关。对于有线、无线式：放置时注意开关位置；对抗扭臂式：需将工具移动至线体外侧，并关闭气源锁止开关。中班休息、下班前关闭控制器开关。

（3）气动工具 有卡箍钳、铆钉枪和铆螺母枪三种形式，使用规范如下：

1）使用的气动工具必须按照说明书规定的气压、排气量要求配备气动力源，严禁使用超过规定压力的气动力源。

2）气动工具必须采用压缩空气作为气动力源，严禁使用氧气、乙炔等其他压缩气体作为动力源。

3）气动力源的连接导管耐压强度不得小于所使用的气体压力。

4）气动力源的连接导管接头必须连接牢固可靠。

5）每台气动工具使用前，要认真阅读说明书，熟悉说明书的规定操作程序和注意事项。

6）气动工具使用前，要按照上述要求，认真检查气动工具的连接情况、气动力源的配备情况。

7）气动工具使用时，要精力集中，紧握操作手柄，点动试验确认转向正确后，方可缓慢按动开启按钮进行工作。

8）遇到阻力突然增大，发生堵转或转速降低时，要立即松开起动按钮，停止工作，以免扭伤手腕或损坏工具、工件。

9）使用完毕，要及时关闭气动力源；长期不用的气动工具要拆开各连接件，放到工具箱内妥善保存。

想 一 想 ▶

终装工具主要有哪些？使用时需要注意什么事项？

3.1.5.4　重要工序和零件简介

终装装配的零件主要有：通风栅饰件、前后刮水器、刮水器电动机、车内后视镜、中控台、中控台饰件、空调控制器、前后座椅、转向盘等，这些零件都有严格的装配关系，都要遵循严格的装配顺序。

（1）制动踏板调整　制动踏板是通过制动主缸分配油或者气到各个轮的制动轮缸，再推动制动片摩擦制动盘（鼓），从而达到减速或停车的目的。可见制动踏板的灵敏度直接关系车辆行驶和制动时的安全性，如图3-48所示。

（2）驻车制动调整　驻车制动又叫做辅助制动器。与行车制动的原理不同，主要采用钢丝拉线连接到后制动，以对车子进行制动。还有，行车制动是各个轮胎都起作用，驻车制动一般都只是前轮或后轮起作用，除了个别的驻车制动。驻车制动调整需要注意调整参数的正确性。

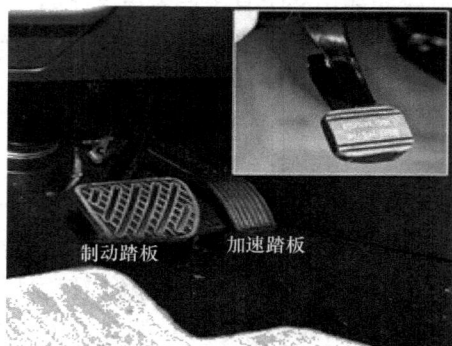

图 3-48　制动踏板调整

（3）中控台　中控台就是转向盘右侧，驾驶舱中间部分前面的控制面板，集中了汽车除驾驶之外的大部分控制按钮。安装中控台时要注意线束的连接。

中控台对一台车的重要性就不用多说了，空调、音响等舒适娱乐装置的功能按键都安排在中控台上，驾驶人要随时和中控台打交道。中控台的设计和安排也影响着车的舒适性，影响着驾驶人的感觉。所以说，中控台也能在一定程度上反映一款车的舒适性和各种功能。中控台的安装需要注意卡入时是否正确，装配时注意零件安装是否正确。

（4）座椅　汽车座椅在安装时一般有相应的定位装置，所以在安装时要由相关的定位装置进行定位安装，如定位销、定位脚钉等常用定位装置。

（5）转向盘　最初的汽车是用舵来控制驾驶的。舵不能说不好，但是它会把汽车行驶中产生的剧烈振动传递给驾驶人，增加其控制方向的难度。当发动机被改为安装在车头部位之后，由于重量的增加，驾驶人根本没有办法再用车舵来驾驶汽车了。转向盘这种新设计便应运而生，它在驾驶人与车轮之间引入的齿轮系统操作灵活，很好地隔绝了来自道路的剧烈振动。不仅如此，好的转向盘系统还能为驾驶人带来一种与道路亲密无间的感受。

3.1.5.5　汽车的主要操纵装置

我国与世界上多数国家一样规定车辆靠右行驶，为保证行车安全，转向盘、离合器踏板、加速踏板、制动踏板等主要操纵装置均安装在驾驶室左侧，不准使用转向盘右置车辆，如图 3-49 所示。

调整后应达到的效果是，握转向盘时双手手臂自然弯曲，转动转向盘使手臂伸直时手掌应紧贴盘面；脚部能伸屈自如，将踏板踩到底时膝盖不需伸直。驾驶人入座时，应抬头挺胸，身体正对转向盘，背部紧靠座椅，臀部顶住座椅角，尽量往里靠，使 70% 的体重压在坐垫上，30% 的体重由椅背支承，肩膀不要靠在座椅上。

图 3-49 转向盘

手握转向盘时，可按时钟刻度来定位。左手握在 9~10 点之间，右手握在 3~4 点之间，拇指向上自然伸直，四指由外向里握住盘缘。转动转向盘时，应两手配合，一手推送，一手拉接。当转动幅度过大时，可两手交替动作，轮流回位。汽车停稳后，不要原地转动转向盘，以免损坏机件，如图 3-50 所示。

图 3-50 转向盘调整

3.1.5.6 汽车制动系统

想 一 想 ▶

汽车的制动方式有哪些？举例说明。

轿车的行车制动系统一般使用液压式制动踏板，用右脚操作，脚跟不着地，以膝关节和踝关节的伸屈动作踩下或放松踏板，如图 3-51 所示。货车多为气压制动，踩制动踏板的动作与踩加速踏板的动作相似。除遇危险情况作紧急制动外，踩踏板都应先轻后重，以达到平稳减速、停车的目的。

驻车制动系的操作杆一般位于驾驶人座位右侧。使用驻车制动时，四指并拢，虎口向前，将驻车制动杆向上拉，即可产生制动作用。解除驻车制动时，先将驻车制动杆稍向上拉，然后用大拇指按下杆头的按钮，再将驻车制动杆向下推到底，即可解除制动作用，如图 3-52 所示。

发动机制动

图 3-51 制动踏板

3.1.5.7 点火开关和发动机罩开关

点火开关是汽车电气部分的总开关，布置在转向盘支架附近，一般有四个挡位。OFF 为断开挡位，钥匙可在此挡位插入、拔出。ACC 为附属设备挡位，钥匙

图 3-52 驻车制动

在此位置时发动机不能工作，但收音机、录音机等可以使用。钥匙越过 ON 转到 ST（或标为 START）挡位时，起动机带动发动机起动；松手放开钥匙后，它会自动回到 ON 挡位。钥匙在 ON 位置时，发动机处于运转状态，所有电器设备均可使用，如图 3-53、图 3-54 所示。

图 3-53　点火开关实物

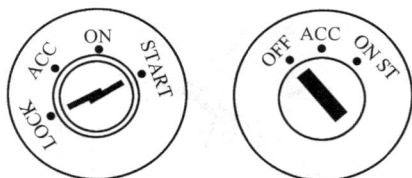

图 3-54　点火开关

轿车的点火开关普遍带有转向盘锁止装置，并用 LOCK 挡位来替代 OFF 挡位。钥匙从 LOCK 位置取出后，转向盘将被锁住。

现代轿车的主要部件多装在发动机室内，打开发动机罩能看出汽车的配置与档次，并可进行一般的维护和检修工作。要想打开发动机罩，必须先从驾驶室内拉出仪表板下的发动机罩释放杆，然后在车辆前部按下保险钩。抬起发动机罩之后，应将支承杆牢固地插入其下方槽中，如图 3-55 所示。

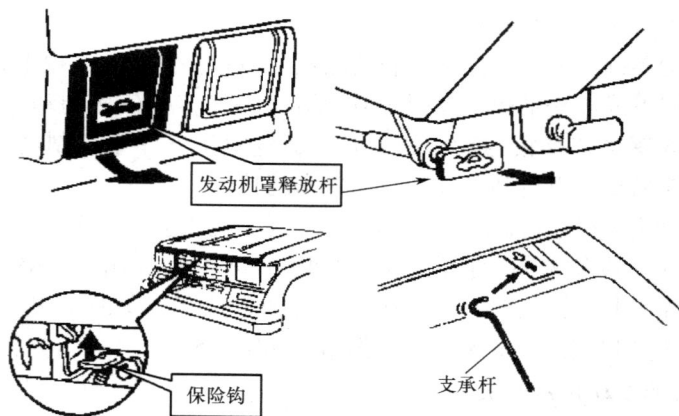

图 3-55　发动机室

3.2 检测工艺

3.2.1 电气检测

由于整车厂装配的整车派生较多，而且同一发动机机型所对应的整车配置也不尽相同，整车厂在整车下线时需要对电控单元（ECU）内的整车功能信息进行明确，而且对整车线束与发动机线束的装配应进行相应检测，因此整车厂需要采用整车下线诊断与标定工具（END OF LINE，简称 EOL 设备）。一般来讲，EOL 系统应具备如下功能：

1）故障码读取、清除。

2）发动机运行参数的监控、采集。

3）发动机电控元器件修正码的输入。

4）发动机号码等信息的查询与读取。

5）整车 VIN 码的输入。

6）整车功能的选择与匹配，如空调、车速控制等功能的确定与调整，并刷写 ECU 内的相关标定数据。

除以上技术细节外，EOL 系统还应满足如下要求：

1）尽快完成相关工作，以满足整车下线的节拍。

2）人机界面良好，操作简便。

3）适应多种电控系统。

实际使用如图 3-56 所示。

图 3-56　电气检测

电气检测以设备系统检测为主,人员检测为辅,对车辆所有电子系统进行检测,包括照明系统、安全气囊、空调系统、音响系统、车门控制系统、仪表显示、ABS 等各电子系统。具有以下特点:

1)有效性。同时和车辆的多个控制器进行通信并进行检测。

2)全面性。对车辆的所有电子设备及连接线束进行诊断(检测包括参数配置及钥匙学习)。

3)精确性。通过电流检测和读取故障码,能够精确诊断车辆各个电气系统的问题。

3.2.2 底盘检测

底盘检测主要包括四轮定位、侧滑、转鼓测试、尾气测试和淋雨测试。

3.2.2.1 四轮定位

汽车四轮定位参数是影响汽车操作稳定性与车轮异常磨损的重要因素,主要包括主销后倾角、车轮外倾角、主销内倾角和前束角。

1. 主销后倾角

主销后倾角是指悬架上球头与下球头的连线(称其为主销,汽车在转向时车轮绕其旋转)在纵向平面内与通过车轮中心的铅垂线所夹的且从汽车侧面观察的夹角。上球头在铅垂线的后方为正,反之为负。主要作用是当汽车行驶时转向轮形成可自动回正的力矩,使汽车保持直线行驶,如图 3-57 所示。

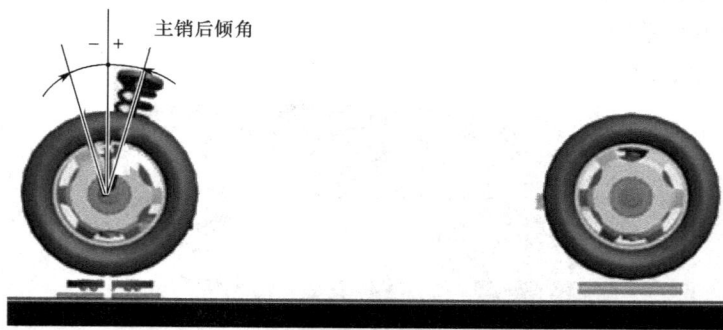

图 3-57 主销后倾角

主销后倾角太小会造成转向不稳定,转向后缺乏转向盘自动回正能力,车速高时容易发飘。

主销后倾角不对称就会造成跑偏,偏向主销后倾角较小的一侧。

主销后倾角的调整手段:垫片、偏心凸轮、长孔、支柱杆、偏心球头等。如果外倾角和后倾角同时需要调整,要先调整后倾角再调整外倾角。

2. 车轮外倾角

车轮安装时并非垂直于地面,而是向外倾斜,倾斜的角度称为车轮外倾角。外倾时从汽车的前面看车轮偏离铅垂线。当车轮顶部向汽车外部倾斜时角度为正,反之为负。车轮外倾角的主要作用是使车轮与地面的动态承载中心得到合理的分配,从而达到提高机械零件的使用寿命、减少轮胎的磨损等目的,如图 3-58 所示。

正外倾角太大会引起轮胎外侧单边磨损、悬架系统零件磨损加速、车辆会朝着正外倾角较大的一侧跑偏。

负外倾角太大会引起轮胎里侧单边磨损、悬架系统零件磨损加速、车辆会朝着负外倾角较小的一侧跑偏。

外倾角调整手段：垫片、偏心凸轮、长孔、球头旋转、支柱旋转、调整轴承等。

图 3-58　车轮外倾角

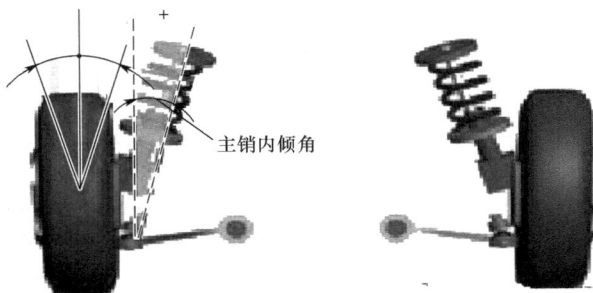

3. 主销内倾角

主销内倾角是指悬架上球头或支柱顶端与下球头的连线（即主轴，在横向平面内向内倾斜）与铅垂线所夹的且从汽车正面观察的角度，如图 3-59 所示。它是指主销装在前轴略向内倾斜的角度，上球头向内为正，反之为负。合理的主销内倾角可使汽车转向行驶时转向轻便，减少冲击力，同时具有一定的前轮自动回正作用。

主销内倾角大，回正作用强，但转时费力，主销内倾角越大或前轮转角越大，则汽车前部抬起就越高，前轮的自动回正作用就越明显，转向轮的轮胎磨损越大。

图 3-59　主销内倾角

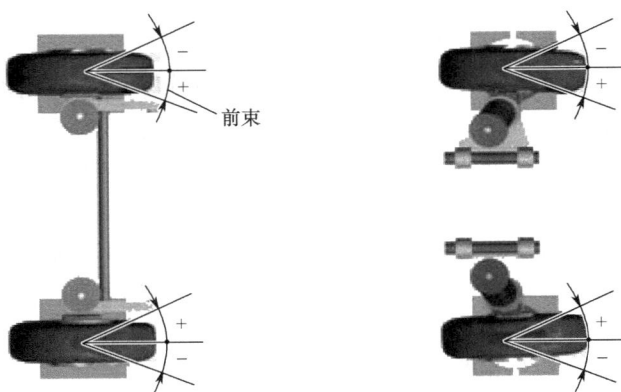

内倾角左右不相等，则车辆容易倾斜，将会出现急加速时产生力矩转向，紧急制动时制动力不等而产生制动跑偏等危险现象。

主销内倾角的回正作用几乎与车速无关。高速时主销后倾角的回正作用起主导地位，而低速时则主要靠主销内倾角起回正作用。此外，直行时前轮偶尔遇到冲击而偏转时，也主要依靠主销内倾角起回正作用。

4. 前束

在汽车转向轴上，两个转向轮并非平行安装，其两轮前边缘距离 B 小于后边缘距离 A，A 减去 B 的值即为前束，如图 3-60 所示。前轮前束角的作用是保证汽车的行驶性，减少轮

图 3-60　前轮前束

胎的磨损。在前端指向内的一对前轮是车轮前束，指向外的则称为后束。当汽车为后轮驱动时，前轮通常具有前束，而当汽车为前轮驱动时，前轮为后束，这是为了在汽车行驶过程中补偿转向系统和转向轮的变化。

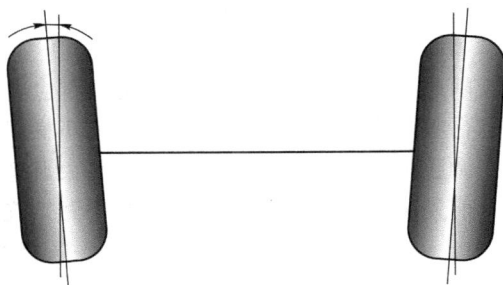

正前束太大，使轮胎外侧磨损，胎纹磨损形式为羽毛状。负前束太大，使轮胎内侧磨损，胎纹磨损形状也为羽毛状。

前束过大或为零，前束和负前束都会使车轮在地面上出现边滚边滑的现象，从而增加汽车的行驶阻力及轮胎的磨损，造成汽车操纵稳定性变差。

调整前轮前束时，应先将后轮前束调整好。前轮前束的调整方法：调整可调式拉杆，在调整前先将左右两边球头锁止螺栓松开，夹紧转向盘正中位置，见表3-1。

表 3-1　各参数对车辆的影响

	回　正	跑　偏
主销后倾角	主倾角太小容易造成不稳定，转向后缺乏转向盘自动回正能力	左右轮后倾角不对称就会造成跑偏，偏向主销后倾角较小的一侧
车轮外倾角	正的外倾角作用下，外侧悬架有向上抬离车轮的趋势。当车轮回到直线方向时，汽车的重量压在转向轴上，帮助车轮回正	如果前轮外倾角左右不相等，汽车被拉向具有正外倾角较大的一侧
主销内倾角	主销内倾角大，回正作用强，但转时费力	左右不相等，则车辆容易倾斜，将会出现紧急制动时制动力不等而产生制动跑偏的危险现象
前束	前束过大或为零，前束和负前束都会使车轮在地面上出现边滚边滑的现象，从而增加汽车的行驶阻力及轮胎的磨损，造成汽车操纵稳定性变差	调整可调式拉杆，在调整前先将左右两边球头锁止螺栓松开，夹紧转向盘正中位置

想 一 想 ▶

汽车四轮定位的参数有哪些?

3.2.2.2　侧滑

1. 侧滑产生的原因

经分析，汽车转向轮的前束值与外倾角对其侧滑的影响比较大。转向轮有了前束后，在滚动过程中力图向内收拢，只是由于转向桥不可能缩短。因此，在实际滚动过程中才不至于真正向内滚拢。但由此而形成的这种内向力势必成为加剧轮胎磨损的隐患。汽车前束与车轮外倾角匹配不当时，在行驶过程中，车轮与地面之间产生相互作用，使车处于边滚边滑状态，称为侧滑。GB 7258—2012规定：对前轴采用非独立悬架的汽车，其转向轮的横向滑移量，用侧滑台检测时，侧滑量值应在±5m/km之间，规定侧滑量方向为外正内负。

2. 侧滑测量台结构

（1）测量装置　测量装置由框架、左右两块滑板、杠杆机构、回位装置、滚轮装置、导向装置、锁止装置、位移传感器及信号传递装置等组成。该装置能把前轮侧滑量测出并传递给指示装置。

（2）指示装置　指示装置有指针式和数字式两种。指示装置能把测量装置传递来的滑板侧滑量，按汽车每行驶1km侧滑1m定为一格刻度，所以每一格代表汽车每行驶1km

侧滑 1m。根据指针偏向 IN 或 OUT 的方向确定出侧滑方向。IN 表示正前束，OUT 表示负前束。

　　侧滑试验台有单板侧滑试验台和双板联动侧滑试验台两种，如图 3-61 所示。双板联动侧滑试验台主要由机械和电气两部分组成，机械部分主要由两块滑板、联动机构、回零机构、滚轮及导向机构、限位装置及锁零机构组成；电气部分包括位移传感器和电气仪表。双板联动侧滑试验台如图 3-62 所示。

图 3-61　双板联动侧滑试验台结构

1—侧滑台仪表　2—传感器　3—回位机构　4—限位装置　5—右滑板　6—锁正装置
7—双摇臂杠杆机构　8—滚轮　9—导轨　10—左滑板　11—导向装置　12—框架

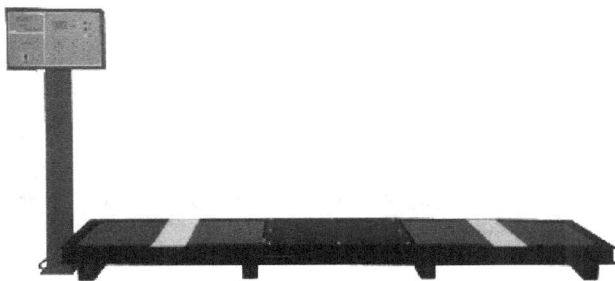

图 3-62　双板联动侧滑试验台

3. 侧滑检测方法：

1）汽车以 3～5km/h 的速度垂直侧滑板驶向侧滑试验台，使前轮平稳通过滑板。

2）当前轮完全通过滑板后，从指示装置上观察侧滑方向并读取最大侧滑量。

　　对于后轮有定位的汽车，仍可按上述方法检测后轴的侧滑量，从而诊断后轴的定位值是否失准。

3.2.2.3　转鼓测试

　　转鼓试验台是一种多功能柔性汽车性能试验系统，能够完成汽车制动性能检测、ABS测试及汽车传动系统测试等功能。现代转鼓试验台是一种多转鼓独立控制式多功能测试设备，具有测试循环时间短、生产柔性高、可扩充性强、测试精度高和机械结构简单的特点。

1. 转鼓测试原理

转鼓测试汽车性能时，汽车型号输入后，轴距控制机构根据汽车的轴距大小进行合适的调整，汽车(如前轴驱动车辆)进入转鼓台后在前后转鼓筒上定位，前轮保持筒升起来，如图 3-63 所示。起动汽车，前转鼓筒由汽车前轴带动驱动，汽车后轴由后转鼓筒的电动机拖动，速度随前轴转动。在汽车加速的过程中前滚筒变频电动机给汽车加载一定的阻力，大小等于汽车的行驶阻力，即

$$\sum F = F_f + F_w + F_i + F_j$$

式中　F_f——滚动阻力；

　　　F_w——空气阻力；

　　　F_i——坡度阻力；

　　　F_j——加速阻力。

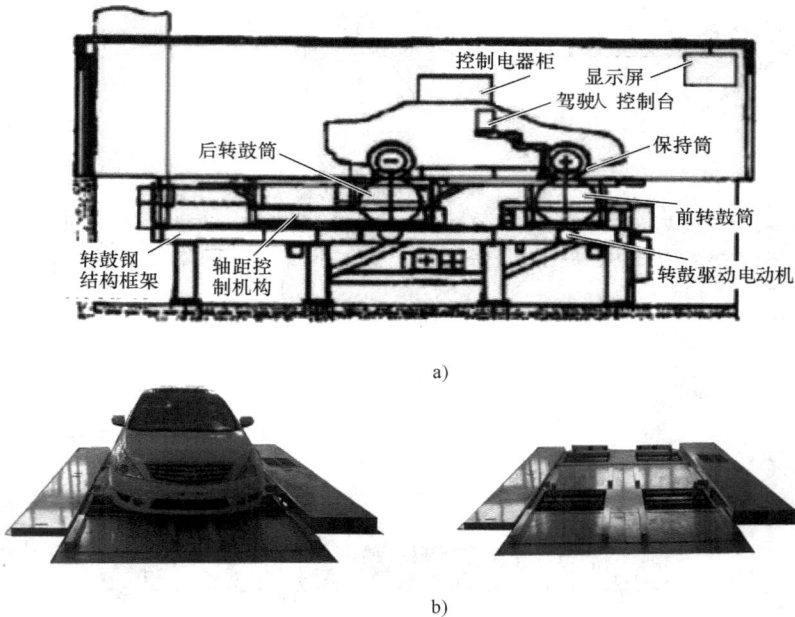

图 3-63　转鼓试验台

a) 转鼓试验台结构图　b) 转鼓试验台实物图

2. 转鼓检测内容

加速到 40km/h 进行测试：

1) 前轮静态制动力≥前轴重的 60%，且左右轮制动力差与左右制动力大者之比≤20%。

2) 后轮静态制动力≥后轴重的 60%，且左右轮制动力差与左右制动力大者之比≤24%。

3) 手拉力制动≥整车轴重的 10%。

4) 倒挡测试。

5) 功率测试。

6）检测 ABS 轮速传感器。

7）ABS 阀测试。

3.2.2.4　尾气测试

汽车排气的污染物，主要是一氧化碳（CO）、碳氢化合物（HC）、氮氧化合物（NO_x）、硫化物（主要是 SO_2）、炭烟及其他一些有害物质。如果燃用含铅汽油，排气中的污染物还包含铅化合物。其中 CO、HC、NO_x 和炭烟主要来源于汽车尾气的排放，少部分来自曲轴箱窜气，部分 HC 还来自于油箱和整个供油系统的蒸发与滴漏。

根据 GB 18285—2005《点燃式发动机汽车排气污染物排放限值及测量方法（双怠速法及简易工况法）》，尾气的检测方法主要采用发动机尾气分析仪进行检测，如图 3-64 所示。

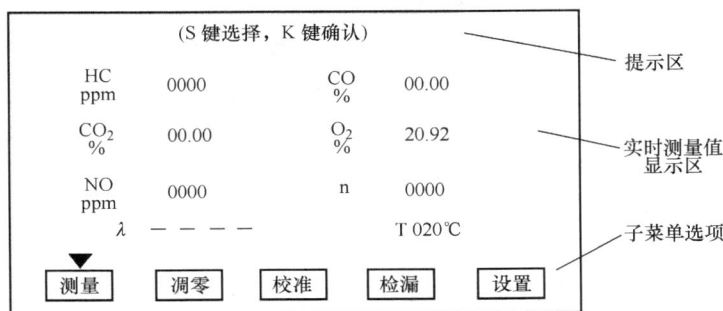

		（S 键选择，K 键确认）			提示区
HC ppm	0000		CO %	00.00	
CO_2 %	00.00		O_2 %	20.92	实时测量值显示区
NO ppm	0000		n	0000	
λ	— — — —			T 020℃	子菜单选项

▼

| 测量 | 调零 | 校准 | 检漏 | 设置 |

图 3-64　尾气分析⊖

（1）双怠速检测方法

1）发动机由怠速工况加速至 70% 额定转速，维持 60s 后降至高怠速（即 50% 额定转速）。

2）发动机降至高怠速状态后，将取样探头插入排气管中，深度等于 400mm，并固定于排气管上。

3）发动机维持高怠速 15s 后，尾气分析仪开始读数，读取 30s 内的最高值和最低值，取平均数为高怠速排放测量结果。

4）发动机由高怠速降至怠速。

5）发动机维持怠速 15s 后，尾气分析仪开始读数，读取 30s 内的最高值和最低值，取平均数为怠速排放测量结果。

6）多排气管时取各排气管的平均测量结果。

7）通常排放污染物高怠速测量结果应低于怠速测量结果。

（2）检测标准

高怠速：尾气中 $w(CO) \leqslant 0.3\%$；$w(CH + NO_x) \leqslant 1 \times 10\%^{-\alpha}$

发动机高怠速时转速：(2000 ± 50)r/min；油温$\geqslant 80℃$（频率 $\lambda = 1/20$）。

怠速：尾气中 $w(CO) \leqslant 0.5\%$；$w(CH + NO_x) \leqslant 1 \times 10\%^{-\alpha}$

发动机怠速时转速：(900 ± 50)r/min；油温$\geqslant 80℃$

⊖　图中"NO"指 NO_x。

想 一 想 ▶

汽车尾气正常排放是什么颜色?

3. 2. 2. 5　淋雨测试

1. 测试过程

淋雨线用来检查整车封闭部位的密封性(如风窗玻璃、行李箱、组合灯等)。淋雨房是把淋雨检测的条件设置成与外面自然状态类似,进而确认整车的水密封状态的设备。工艺流程主要包括淋雨、吹干、过渡区等辅助设备。

(1) 过渡区　在淋雨房体进口处设有过渡区,长度一般为 1 ~ 2m;出口处也设有过渡区,长度为 1 ~ 2m,以防止喷淋区水及水雾溢出。

(2) 淋雨区　采用喷射方式并达到一定的淋雨强度,喷射车身表面,喷淋长度一般为工件长度,即 2000 ~ 4000mm,进出口过渡区为 1000 ~ 2000mm。同时设有污水处理装置,将循环水进行过滤处理,去除泥沙、油脂及化学杂质,使其达到循环使用水的标准。

(3) 吹干区　通过吹风嘴以一定的风速吹向工件表面,吹净车体表面的水分。吹干区长度一般为 4000 ~ 8000mm,出口过渡区长度为 1000 ~ 2000mm。同时抽取淋雨区进口处外溢的水雾。

(4) 检查区　对吹干后车辆进行检查,将漏水车辆交付返修并再检,确保最终合格率 100%。

2. 设备说明及性能、参数的描述

(1) 淋雨区　汽车防雨密封性试验装置要保证从各个方向对工件喷水,避免出现喷水死角,保证喷水压力、流量对应于汽车各部位并达到国标要求。室体结构在保证防锈、防震、隔声的同时做到简洁美观,顶部、侧部淋水管路均分段采用蝶阀控制,独立运行,整线设备操作简单,便于零部件的检修和维护。主要包括淋雨房体、喷淋系统、补水系统、水循环系统、排污系统、电控系统等。

淋雨房体一般采用 2.0mm 镀锌钢壁板(大屏幕夹层玻璃),与钢结构骨架现场组装而成。各板之间,板与骨架之间,板与地面之间采用螺栓联接,各接缝处加涂建筑专用密封胶,不得有渗漏,还可以采用 50mmEPS 彩钢板制作房体,同标准烤房墙体配置。有时根据客户要求,在房体内侧采用不锈钢墙面。

为了确认棚内淋雨状态,一般在房体上安装安全玻璃观察窗和防水照明灯箱,便于观察室内工作状态与维修。防水照明灯箱安装在淋雨房体顶部,采用 40W 的灯具。在室体的两侧各配置观察窗,观察窗一般采用厚为 5mm 的安全玻璃,在壁板与玻璃之间进行全密封,涂建筑专用密封胶,不得有渗漏。

(2) 喷淋系统　整个淋雨房体喷淋系统能满足单独控制和整体控制的要求,主要由管路、喷嘴、阀门、滤清器、水泵、显示装置等组成。

1) 管道。从滤清器到淋雨房体内全部喷淋管道材料均采用不锈钢管或镀锌无缝钢管,水泵吸水管径一般在 DN80 ~ DN200(根据流量选择水泵),水泵供水主管径为 DN65 ~ DN150,淋雨房内喷淋分支管径一般为 DN40,管路各接口保证密封良好,不得出现漏水现象,同时尽量减少弯头的数量,从而减少管路和压力损失。

2) 喷嘴。一般采用可调节的塑料、黄铜或不锈钢喷嘴。喷射状态为实心圆锥形,锥角

为 62°左右。喷水角度，顶部喷嘴与水平面垂直，侧面喷嘴与水平面一般为 45°。喷嘴设计符合国家标准。喷嘴以方格阵列，喷淋面积内无空白区域。喷嘴可根据喷射角度作适当调整。上下、左右喷嘴间距一般在 500～800mm，根据喷嘴型号规格而定。

3）阀门。阀门包括底阀、球阀、单向阀、减压阀等。

① 底阀。在水泵的吸水口处设置底阀可防止水泵吸入空气或其他杂质。

② 减压阀。在水循环系统中设置减压阀，可自动维持阀门出口处的压力恒定（一般在 0～6bar 压力范围内，1bar = 10^5Pa），从而保证系统的正常工作。

③ 单向阀。在水泵的出水口处设置单向阀，可防止水泵吸水后压力变小时回水，从而保证系统的正常工作。

4）滤清器。在水泵吸水管道和供水管路上均设置 Y 形滤清器，可有效地过滤循环水中的杂质，减少喷嘴的堵塞，保证系统的正常工作。所有过滤一般都设置成一用一备二回路结构，并在滤清器两端分别设置球阀，从而方便维修。稳压阀前后设压力表两只，喷淋管主管末端设有压力表，以精确检测系统压力。稳压阀可有效地控制运行压力和水量，保证水压和流量达到国标要求。

5）显示装置。

① 压力计。在管路的减压阀后设置压力表进行适时控制水压。

② 流量计。在管路系统中设置流量传感器进行控制管路的总流量，并把适时流量的监控值传送给控制系统。

③ 压力表。在水泵的出口处设置压力表，同时在系统的顶、侧部管道末端也设置压力表，每个压力表设置单独的阀门进行控制，从而保证各系统压力均匀。水压调节范围一般从零至喷淋管路最高压力。

6）水泵。依据标准 QC/T 476—2007 及 QC/T 900—1997，由单台车辆规格最大尺寸可确定淋雨线被试车辆的表面积 A 为

$$A = 长×宽 + 长×高×2 + 宽×高×2$$

根据有关技术要求，结合经验情况，淋雨强度 S 一般取为 8～35mm/min（根据相关标准定的），实际淋雨量（单位：cm³/s）为：

$$Q = AS×60×1000$$

由实际淋雨量和喷嘴数量结合国家标准规定压力要求可得单喷嘴的淋雨流量（单位：mm³/min）为

$$L = Q/1000/60/喷嘴数量$$

根据计算出的单喷嘴的淋雨流量和喷淋压力来选择喷嘴参数。

考虑淋水泵的使用效率，选择淋水泵参数，包括型号、流量 Q、扬程 H、功率。

水泵一般共两台，一用一备。淋雨泵驱动按 Y-△ 起动，在连接部位设置安全护罩。循环水泵均放置在坑中。蓄水池坑的上口处设 6mm 厚的花纹盖板，盖板的打开与关闭状态同水池中的照明装置进行联动。同时还可在坑内设置换气装置一套，以便把电动机散出的热量及时排出坑外。

本 章 小 结

汽车总成装配是使汽车各零部件和总成具有一定的相互位置关系并形成整车的工艺

过程。

底盘线主要用来安装前悬架、后悬架、变速器、发动机、减振器、消声器、排气管、车轮、底部装甲等。汽车构造复杂，零部件及总成繁多，因而它除了具有一般装配的共有特点，还具有以下特点：

1）联接方式多样。总装的联接方式主要包括不可拆式固定联接、不可拆式活动联接和可拆式活动联接，如铆钉联接、螺栓联接、螺纹联接、键联接、销联接等。

2）装配工具种类多样。根据零件的联接特性和技术要求不同，需要配置不同的装配工具。按照驱动特性不同，可分为气动工具、电动工具、手动工具，例如气动铆钉枪、电池枪、可追溯电动枪、卡箍钳等。

总装的紧固工具主要包括：电池工具、电动工具、手动扳手、铆钉枪等。针对部分力矩有衰减的点，采用扭力扳手进行复紧。

内饰装配线主要用来进行车身线束、踏板、安全带、ABS、顶棚、风窗玻璃、加油口盒、行李箱内饰、行李箱锁扣、尾灯等零部件的安装及车身 VIN 码的打刻等。

最终装配线主要用来安装通风栅饰件、刮水器、后视镜、中控台、四门锁扣、驻车制动饰件、空调控制模块、座椅、转向盘以及车门等。

总装车间主要物料配送方式有 KITTING(物料小车按派生配送)、JIS(线边零件按派生顺序配送)、JIT(线边按零件种类配送)三种模式。根据零件落点所在工位的物流空间及零件结构特点灵活选择每种零件具体配送方式。

我国与世界上多数国家一样规定车辆靠右行驶，为保证行车安全，转向盘、离合器踏板、加速踏板、制动踏板等主要操纵装置均安装在驾驶室左侧，不准使用转向盘右置车辆。

检测线主要进行电气检测、四轮定位、前照灯调节、尾气检测、转毂检测、淋雨测试。

复习思考题

1. 汽车总装的特点有哪些？有哪些装配工具？
2. 汽车车门分装线工艺流程是怎样的？
3. 汽车底盘装配线都装配哪些零部件？
4. 汽车内饰装配线主要装配哪些零部件？
5. 汽车最终装配线主要装配哪些零部件？
6. 汽车检测线都检测哪些方面？
7. 汽车淋雨检测分为哪些区域？分别有什么作用？

第4章
总装设备

学习目标 ▶

通过本学习情景的学习，你将做到：
1）掌握汽车装配线形式。
2）掌握汽车装配中的主要装配设备。
3）掌握汽车装配中的主要检测设备。
4）掌握汽车装配中工装夹具的分类和组成。
5）掌握汽车装配中工装夹具的定位原则。
6）掌握汽车装配中工装夹具的工艺要求。

情景描述 ▶

案例分析：奥迪 A6 轿车 V6 2.8L 电控发动机怠速时有轻微抖动，加速迟缓。

四气尾气分析仪的检测结果：

CO 的质量分数约为 0.3%~0.5%，HC 的质量分数为 $200 \times 10^{-6} \sim 500 \times 10^{-6}$，且在此范围内波动。

检测结果分析：

CO 含量正常，HC 含量虽然符合排放污染物的限制标准，但该车装有氧传感器和催化转化器，其 CO 的质量分数应低于 0.5%，HC 的质量分数应低于 100×10^{-6}。而检测结果显示 HC 含量高于此标准且有波动，从出厂标准考虑为不正常。因此应考虑发动机可能有失火现象，应进一步检查点火系统是否有轻微断路或短路故障，尤其是短路故障。

任务：请同学们根据以上案例，以小组为单位，讨论尾气分析仪的作用以及使用方法，并且完成以下任务：
1）请说出总装车间的检测设备。
2）请说出总装车间的装配设备。
3）请描述六点定位原则。

相关知识 ▶

想一想

1）汽车装配线是如何分类的？

2）总装设备操作规程有哪些？

3）汽车装配的主要装配设备及检测设备有哪些？如何使用？

4）汽车产品装配的工装夹具的六点定位原则是什么？有什么作用？

4.1 装配线形式和主要设备

4.1.1 概述

总装车间内的线体分为用于存储车型的存储线、装配主线、装配分装线，以及各类的输送线。装配线一般以装配内容区分，如主线一般分为内饰线（板链＋滑橇）、底盘线（积放链＋摩擦线）、最终装配线（板链），分装线则有车门分装线（摩擦线）等；输送线则以输送的零件区分，如轮胎输送线（滚筒）、座椅输送线（滚筒）、前端模块线（摩擦线）。这些线体和设备分别位于车间一层、二层，一般来讲，一层装配，二层输送。对线体进行任何操作时，都必须遵循以下规程：

1）应对所有管理输送机设备的人员以及在输送机旁工作的人员进行机械、电气方面的安全规范知识教育，严格遵守有关的操作规程。

2）应有专门人员管理输送设备，起动和停止输送机由专门人员操作。

3）不允许在"危险""不准靠近""不许逗留""未经许可不得进入"等各种警告标记附近放置有碍视线的障碍物。

4）开机前先响铃，示意作业人员做好准备，注意安全。

4.1.2 装配线介绍

4.1.2.1 车身存储线设备

车身存储线一般位于车间二层网块上，主要用于实现白车身的存储和输送，采用橇体摩擦式输送机，储存库能根据生产需要进行车身品种编组，将需要的车身出库进入内饰线，暂不需要的品种经识别后再次入库进行编组，如图 4-1 所示。

图 4-1 车身存储线

4.1.2.2　装配主线设备

根据工艺流程，存储在车身存储线上的白车身在滑橇上首先通过升降机从二层网块转移到一层板链上，进入装配线开始进行装配。装配主线常用的线体结构有板链式、滑橇式、板链＋滑橇式、积放链＋吊架式。线体结构的选择，根据线体的设计目标来定。如需要安装车体底部的零件，会选择一种能将车体吊至较高位置的线体，如图 4-2 所示为某车间底盘装配线，该线体采用的是吊架式线体结构。

图 4-3 所示为常见的线体结构。

图 4-2　某车间底盘装配线

a)

b)

c)

图 4-3　常见的线体结构
a）积放链＋吊架式　b）板链式（窄）
c）滑橇式

4.1.2.3　装配分装线

分装线是将部分零件分装成零件总成的线体。相对于主线来说，分装线每个工位所需的空间小，故在线体的选择上一般不会选择大的板链，而更多选择吊架式、滑橇式的线体类型，如图 4-4 所示。

4.1.2.4　输送线

输送线用于输送零件或分装好的总成，一般采用辊道链输送链（滚筒输送）。如座椅输送线，在低位将座椅连同托盘放到辊道上，然后通过一台双层升降机提升后，从平台上过通

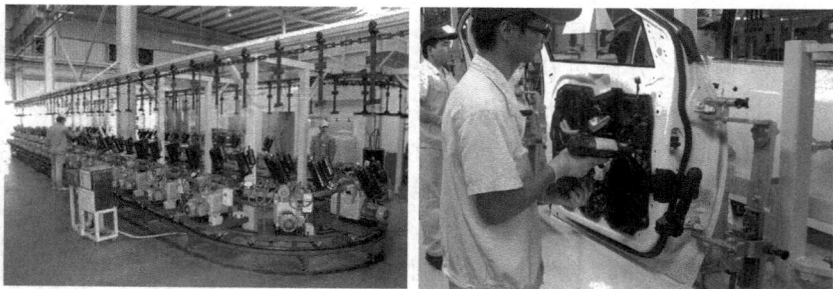

图 4-4　滑橇式、板链式

道,再通过另两台下件升降机降低输送到最终装配线三个工位,取下右座椅和后排座椅左座椅后,空托盘由端头升降台降低从下层辊道由双层升降机提升过通道返回到上件区域再降低,准备装载下一组座椅。图 4-5 所示为座椅输送线。

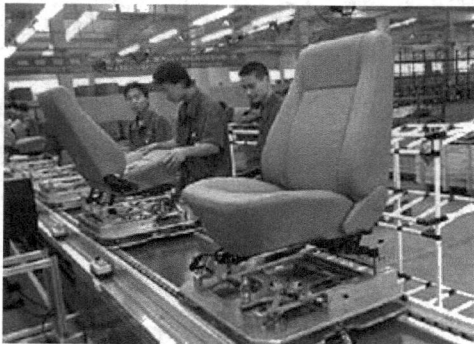

图 4-5　座椅输送线

4.2　检测线型式和主要设备

汽车检测线是综合运用现代检测技术,对汽车实施不解体检测的一系列设备及仪器组成的线体。它利用现代的检测设备和检测方法,在室内检测出国家、地方法规及企业标准要求的汽车主要性能参数,能预测汽车出厂前可能出现的故障,为准确评价车辆的使用性能和技术状况提供了可靠依据,也为车辆的合格品质提供了保障。

4.2.1　检测线型式

根据 GB 21861—2008 的规定(见表 4-1),一般整车厂的检测线主要由四轮定位仪、前照灯测试仪、滑板式侧滑检验台、轴重仪、车速表检验台、制动检验台、ABS 检验台及排气分析仪组成。现代化的整车制造厂往往会将部分设备集成在一体,以加快生产节拍,缩减制造成本,节省占地面积。

表 4-1　机动车安全技术检验项目和方法(四轮及四轮以上机动车线内检验)

	检测项目	检测内容	检测要求
线内检查	车速	车速表指示误差	仅对最高设计车速超过 40km/h 的车辆要求
	排放	点燃式发动机双怠速排气污染物 CO、HC 的体积分数,及过量空气系数	过量空气系数的测试仅对使用闭环控制电子燃油喷射系统和三元催化转化器技术的点燃式发动机汽车进行,采用简易工况法进行排放测试时,检测项目另行确定
	制动(含轮重)	1. 轮重;2. 左、右轮的最大制动力;3. 制动力增长过程中的左右轮制动力最大差值;4. 制动协调时间;5. 车轮阻滞力;6. 驻车制动力	制定协调时间在用滚筒式制动检验台检验时不要求;车轮阻滞力仅对汽车要求
	侧滑	转向轮的横向侧滑量	前轴采用独立悬架的汽车侧滑量测试值不作为评判依据
	前照灯	1. 前照灯远光光束发光强度;2. 前照灯远光光束照射位置;3. 前照灯近光光束照射位置	前照灯远光光束照射位置检验仅对前照灯远光光束能单独调整的车辆要求
	车辆底盘	1. 转向系;2. 制动系;3. 行驶系;4. 传动系;5. 电气线路;6. 底盘其他部件	
	功率	底盘输出功率	仅对车辆使用年限超过 20 年的车辆进行检验

　　整车厂检测线的型式一般为直线均布式,也就是将所有的检测项目及设备布局在一条直线型检测线的各检测单元上,各检测单元的检测项目与设备布局的组合是多种形式的。但是设备的布局需要保证节拍的一致性,以确保车辆在各工位的停留时间一致,从而不引起生产线的堵塞及停滞。

　　整车厂制造规划部门,会依据规划的节拍来设置检测线的数量。一般而言,一条先进的检测线的生产节拍也只能达到 15JPH,即每小时检测 15 台车。所以,一般整车厂会有 1~2条检测线。产量大的制造车间会设置 4~5 条,甚至更多条检测线。同一车间的这些检测线的检测项目和设备布局是完全一样的,且往往会平行并列布置,以便于下线车辆的移动,实时分道检测。

4.2.2　检测线的主要设备

　　滚筒反力式制动试验台、平板式制动检验台、轴(轮)重仪、滑板式侧滑检验台、车速表检验台、前照灯检测仪、排气分析仪、制动踏板力计、四轮定位仪、声级计等是常见的检测线检测设备。下面将会依次讲解。

4.2.2.1　四轮定位仪

汽车转向系统技术状况的好坏，对汽车的行驶安全有着重要的影响。为使转向轮操作轻便、行驶稳定可靠和减少轮胎的偏磨损，在车轮上设计有主销后倾角、主销内倾角、车轮外倾角和车轮前束等参数。四轮定位仪就是用来测量这些参数的设备，从而验证转向系统的零件状态及装配状态。图4-6所示为四轮定位仪。

四轮定位仪涉及了机械、光学、电子、计算机软件、数学模型等多个领域的知识，但其中最为关键的技术为测量传感器和数据通信及处理方式。根据测量传感器所采用的技术不同，可把四轮定位仪分为三种形式：拉线式、CCD 式、3D 图像式，其科技含量及负责程度也依次升高。

图 4-6　四轮定位仪

1. 拉线式

拉线式四轮定位仪进入了车轮定位仪的电子时代。它采用角位移传感器测量车轮定位参数。角位移传感器实质上是一个带摆臂的滑线旋转电位计，摆臂旋转一定角度时，带动电位计的电刷转动，从而改变输出电阻，最终导致传感器的输出电压变化。

2. CCD 式

CCD 的全名为 Charge Coupled Devices，即为电荷耦合器件。光源发出的光通过光学成像系统照在 CCD 光敏面的感光单元上，相应的感光单元产生电荷，经附加电路处理后，输出视频信号。CCD 分为线阵型和面阵型两种。线阵型 CCD 的光敏面上的光敏单元排列成一行，而面阵型 CCD 光敏面上的光敏单元排列成二维阵列。四轮定位仪多采用单色、线阵型 CCD，测量一个发光光源在 CCD 视野中的水平坐标。四轮定位仪利用 CCD 来测量前束、推力角等参数，而车轮外倾角、主销后倾角及主销内倾角则是用倾角传感器来测量。一般来说，CCD 式四轮定位仪将两个 CCD 和两个倾角传感器组装成一个测量头，通过夹具安装在每个车轮轮辋上用于测量。

3. 3D 图像式

3D 图像式应用高精密度三维成像技术和数字图像处理技术实现非接触测量。它将高分辨率的 CCD 摄像机安装在定位仪主机旁的立柱上，反光板安装于车轮上，反光板有若干个规定大小的反光斑，利用图像采集卡和数字图像处理技术得到四轮定位参数。

考虑到节拍及精度的要求，通常情况下检测线都是采用 3D 图像式的四轮定位仪。

想 一 想 ▶

四轮定位仪用来检测哪些数据？

4.2.2.2　前照灯检测仪

前照灯的发光强度和光束照射方向被国家列为汽车运行安全检测的必检项目，其详细要求可参考 GB 7258—2012《机动车运行安全技术条件》。因为场地及节拍的限制，整车厂不会按照国标描述的那样，人工观察检测和调整前照灯，而是用一个体积较小的光接收箱在较近的距离上置于被测前照灯的正前方，代替暗房和大屏幕，光接收箱的前面是一面聚光透镜，其后面是一块测量屏幕和光学传感器，前照灯发出的光束经透镜会聚后投射到测量屏幕上，呈现按比例缩小的光斑。然后，利用光学传感器测量光斑的照度和其在测量屏幕的位置，经过数据处理换算得到前照灯的发光强度和光束照射位置。图 4-7 所示为前照灯检测仪。

4.2.2.3　滑板式侧滑检验台

为保证汽车转向轮作无横向滑移的直线滚动，要求车轮外倾角和车轮前束有适当配合，转向轮外倾角产生的外张力与转向轮前束产生的内向力相互抵消，保持转向轮朝正直方向行驶。当转向轮外倾角和前束在使用过程中发生变化时，两参数的平衡被破坏，使轮胎处于边滚边滑的状态，将产生侧向滑移现象，称为转向轮侧滑，如图 4-8 所示。

图 4-7　前照灯检测仪

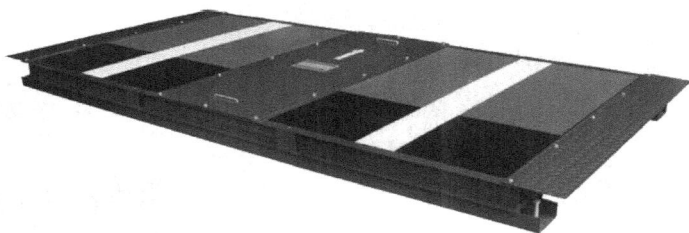

图 4-8　滑板式侧滑检验台

整车厂一般采用双滑板式侧滑台，它由机械部分、侧滑量测量装置、测量仪表等组成。双滑板式侧滑台是双板联动的。滑板装置由框架、左右滑板、滚轮、导向轴承、联动机构、回零机构、限位装置、锁零机构等组成。左右两块滑板分别支撑在各自的四个滚轮上，每块滑板与其连接的导向轴承在轨道内滚动，保证了两块滑板同时向内或外移动，相应的位移量通过位移传感器变成电信号送入测量仪表进行数据处理。回零机构保证汽车转向轮通过后滑板能够自动回零。限位装置是限制滑板过分移动而超过传感器的允许范围，起保护传感器的作用。锁零机构能在设备空闲或设备运输时保护传感器。

4.2.2.4　轴（轮）重仪

轴重也叫轴荷，是指汽车某一轴的质量。汽车各轴的轴重之和，就是汽车的总重。在制造厂，轴重的测量并不是一个单独的检测项目。测量轴重的目的是配合汽车制动性能的检测。

轴重仪的整个承重台面为一刚性连接整体，左右车轮停在（或低速通过）同一台面上直接测取轴重。轴重仪主要由框架和承重台面及电子仪表组成。承重台面四角分别固定四只压力应变传感器。当传感器感受到压力时，电阻应变片的阻值发生变化，从而能够输出一个与所受压力成正比的电压信号。图 4-9 所示为轴重仪。图 4-10 所示为数值显示仪。

图 4-9　轴重仪

图 4-10　数值显示仪

4.2.2.5 制动试验台

汽车制动性是指汽车行驶时能在短距离内停车且维持行驶方向不变和在坡道上长时间保持停驻的能力。汽车制动性是汽车的重要性能之一，它的好坏直接关系到交通安全。因此，汽车的制动性能检测也是国家强制要求的项目，具体信息可以参见 GB 7258—2012《机动车运行安全技术条件》，制动试验台如图 4-11 所示。

图 4-11　制动试验台

整车厂一般采用综合性的滚筒反力式制动试验台来进行制动相关性能的测试。主要的测试项目有踏板制动力、驻车制动力、车轮阻滞力、制动协调时间等制动指标测试。先进的试验台还会同时集成 40km/h 车速表的核对、ABS 动态测试等检测项目。

利用试验台测试时，被检汽车正直居中驶入检验台，将被测车轮停放在主、从动滚筒上。电动机通过减速器、链传动和主、从动滚筒带动车轮低速旋转（一般是 2.5km/h），从而模拟汽车在路面上行驶，相当于汽车不动，路面以定速移动。待车轮转速稳定后，驾驶人踩下制动踏板或拉起驻车制动拉杆，车轮制动器对车轮作用的摩擦力矩使车轮减速，自由滚动的滚筒又会产生克服此制动力矩的摩擦力矩。通过力传感器转换成大小成比例的电信号，此信号经放大滤波后，送往 A/D 转换器转换成相应的数值量，经测量仪表数据处理后，就可得到车轮制动力。

4.2.2.6 排气分析仪

用排气分析仪检测排气污染物，目的是控制排气污染物的扩散，使其在限定的被允许的范围内，以达到环境保护的要求。

排气的检测方法大致分为双怠速法、瞬态工况法、稳态工况法三种。整车厂一般使用五气分析仪，并采用双怠速法，即在怠速工况和高怠速工况下测试汽车的排放含量。具体信息可参考 GB 18285—2005《点燃式发动机汽车排气污染物排放限值及测量方法（双怠速法及简易工况法）》中的描述。

五气分析仪可测量汽车排气污染物中的五种气体成分：碳氢化合物（HC）、一氧化碳（CO）、二氧化碳（CO_2）、氧（O_2）和氮氧化物（NO_x）。其中 HC、CO、CO_2 采用不分光红外线法测量，可获得满足需求的测试精度。而 O_2 和 NO_x 采用电化学法测量，分别采用氧电化学传感器和一氧化氮电化学传感器测定。同时，还能测量大气温度、发动机转速和排气温度等参数，并能自动计算过量空气系数 λ 的值。

想 一 想 ▶

自己学校实训室有哪些尾气分析设备？

大多数情况下，车辆先进行四轮定位测试、前照灯测试及侧滑实验测试，再通过轴重仪及制动试验台，最后进行排气分析。线内检测完成后，会交给后续人员进行路试跑道测试等，如图 4-12 所示。

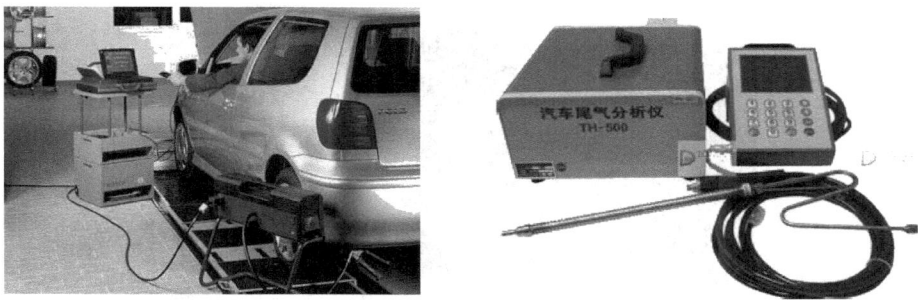

图 4-12 尾气分析仪

4.3 工装夹具

4.3.1 工装夹具的定义

工装夹具是指在生产过程中，应用于生产活动中除基本生产设备外的一切在产品制造过程中所使用的工具或装置，是为了更好地保证产品质量、提高操作便利性而制作、使用的辅助用具。夹具是一种保证产品质量、便利和加速工艺过程的一种工艺装备，是用于定位和辅助作业的一种附加装置。它的主要作用是定位和辅助作业，通过定位面、定位销及其他一些辅助元件对零件进行定位，或为员工作业提供便利。

工装夹具可简单地分为两类：定位工装与非定位工装。

1. 定位工装

定位工装指对装配起定位辅助作用，为更好地保证产品质量而制作、使用的工装夹具。定位工装对装配有定位作用，通常对零件在 X、Y、Z 三个方向进行限制，保证装配位置的唯一性，对产品质量有积极作用，如图 4-13 所示，工装夹具尺寸变化、变形、磨损等会对

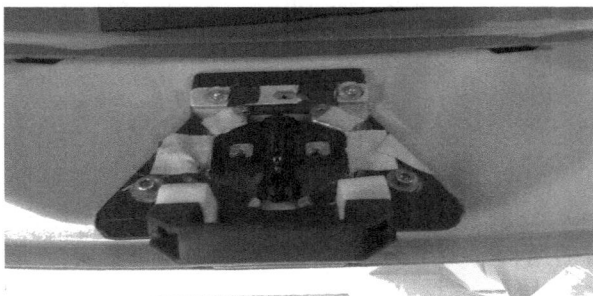

图 4-13 定位工装

车的质量造成严重影响。

2. 非定位工装

非定位工装是为降低劳动强度、提高工作效率、保证作业安全而制作使用的工装夹具，如图 4-14 所示。工装夹具尺寸变化、变形、磨损等，基本不会对车的质量造成影响。

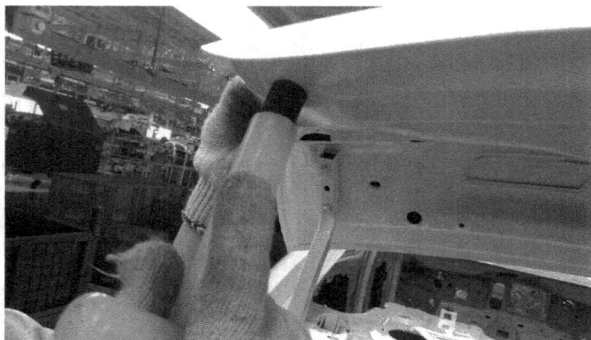

图 4-14　非定位工装

4.3.2　工装夹具的定位原理和方式

在定位前，零件的位置是不限定的，零件可以自由运动。零件位置的这种不确定性，可在空间直角坐标系分为以下 6 个方面：沿三坐标轴的移动自由度和绕三坐标轴的转动自由度，即每个零件有 6 个自由度，如图 4-15 所示。

未定位的零件相当于自由刚体，是无法定位装配的。因此，为了使零件在工装夹具中有一个正确位置，必须对影响零件位置精度的自由度加以限制。

要使零件在工装夹具中的位置完全确定，其充分必要条件是将零件靠置在按一定要求布置的 6 个支承面上，使零件的 6 个自由度全部被限制，其中每个支承点相应地限制一个自由度。这就是六点定位规则，又称"六点定律"。6 个支承点的分布方式，与零件的形状及装配位置有关。

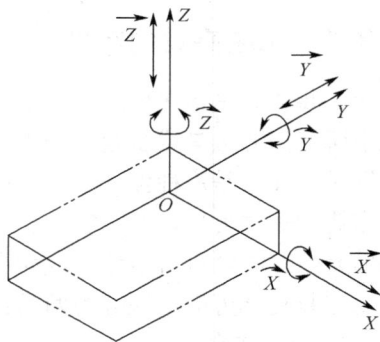

图 4-15　六点定位原则

（1）零件以平面定位　零件以平面作为定位基准，是生产中常见的定位方式。在分析和设计定位时，应根据基准平面与定位元件工作表面接触面积的大小、长短或接触形式，确定定位元件所相当的支承点数目及所限制零件的自由度。当接触面积较大时，相当于 3 个支承点，限制零件的 3 个自由度。

（2）零件以圆柱销定位　当定位销直径 D 在 3 ~ 10mm 时，为增加刚度，避免销子因撞击而折断，或热处理时淬裂，通常把定位销根部加工成圆角 R。同时，在夹具体上应有沉孔，使定位销圆角部分沉入孔内而不影响定位。当使用工装进行大批量装配时，为了便于更换定位销，可设计有衬的结构。为了便于零件顺利装载到工件上，定位销的头部应设计有 15°倒角。

4.3.3　工装夹具的组成

工装夹具是由不同作用的元件组成的。所谓元件，是指工装夹具上用来完成一定作用的一个零件或一个简单部件。根据在工装夹具结构中所起的作用不同，可将各种元件分为下列几类：

（1）定位件　起定位作用的元件或部件，包括各种定位销、定位面、定位键等。

（2）支承件　包括规制板、角座等，用于不同高度和角度的支承。

（3）导向件　用于引导方向，确定零件相对位置的部件，包括各种导套、导向支承等。

（4）夹紧装置　起夹紧作用的一些元件或部件。将零件夹紧在工装夹具上，保证零件定位后的正确位置在外力作用下不发生位移。

（5）定心装置　可同时起定位和夹紧作用的一些元件或部件。

（6）夹具本体　用来连接工装夹具上各种元件和装置成为一个夹具整体的部件。

（7）动力装置　在非手动工装夹具中，动力装置是产生动力的部分，如气缸、电磁装置等。

（8）紧固件　包括各种螺栓、螺母、螺钉、垫圈等，外形与普通螺栓、螺母相同，区别在于这些紧固件具有加工要求高、强度高、使用寿命长及体积小等特点。

想 一 想 ▶

对照图 4-15 解释六点定位原则。

4.3.4　夹具的工艺要求

1. 夹具制造的一般要求

1）保证产品的形状和尺寸精度符合图样和技术要求，必须使被装配的零件获得正确的位置和可靠的夹紧，并在安装紧固过程中能防止零件偏移。

2）夹具结构应开敞，方便工人进行装配或紧固作业。

3）应使装配工作在最有利的状态下进行，如符合人机工程学原理等。

4）夹具有足够的刚度，且尽量做到重量轻，凡是受力的各种器件，都应该有足够的强度和刚度。

5）工装夹具应可靠定位，且定位夹紧应迅速，取下工装夹具时应方便。

6）应尽量使用标准化夹具元件，易磨损件便于更换。

7）对于与汽车外观件接触的部分要做好防磨损保护，且尽量不使用磁性元件，防止吸附铁屑造成汽车外伤。

2. 工装夹具的过定位与欠定位

1）夹具的定位。任何刚体在空间都有 6 个自由度，零件定位是为了确定零件在夹具中的位置，也就是消除（或限制）零件相对夹具的 6 个自由度。消除（或限制）自由度的方法，便是定位的方法。

2）夹具六点装置。夹具的定位一般是利用适当的点、线、面的接触来达到的，即通过夹具定位件上的点、线、面与零件接触来达到，三点的平面为基准面，称为首要基准，两点所在的平面为导向面，称为导向基准，一点所在的平面称为定程基准。

3）过定位现象。夹具在对零件进行定位时，如果支撑点超过六个或物体某一自由度出现重复定位，这种现象称为过定位，过定位会造成定位浪费，也容易导致工件变形，是不允许的。

4）欠定位。夹具上所采用的定位支撑点的数目，少于按加工要求所必须限制的自由度的数目，称为欠定位。欠定位是约束不足，不能保证装配精度，也是不允许的。

3. 夹具的六点定位法则

按照运动学的概念，刚体（零件）在空间对于三个互相垂直的坐标平面来说都有六个自由度，即沿 ox、oy、oz 三条轴线的移动及绕三条轴线的转动。要使工件在空间的位置完全确定下来，必须消除这六个自由度，以六个支持点限制零件六个自由度的方法，称为"六点定位法则"。

1）完全定位法。设计定位方法时，将零件的六个自由度全都限制的定位方法，称为完全定位法。图 4-16 所示为工件的完全定位。

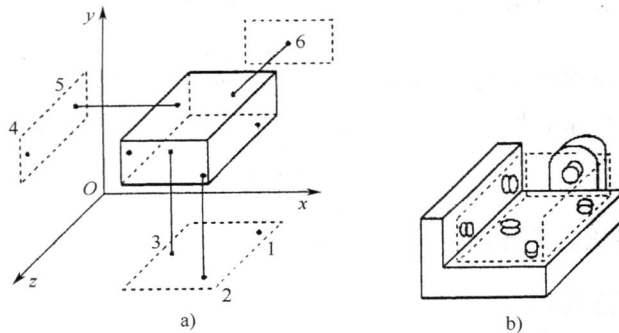

图 4-16 工件的完全定位

2）不完全定位法。如果被装配的位置仅由一个或两个几何参数所决定，则工件只要一个或两个基准面来定位就够了，这样的定位方法称不完全定位法。

完全定位法与不完全定位法是由工序的技术要求所确定的，不能理解为不完全定位比完全定位差。图 4-17 所示为工件的不完全定位。

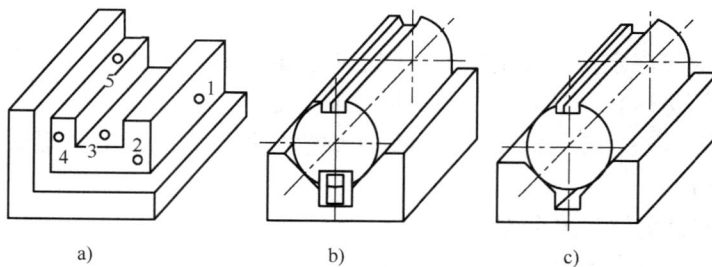

图 4-17 工件的不完全定位

本 章 小 结

总装车间内的线体分为用于存储车型的存储线、装配主线、装配分装线，以及各类的输送线。装配线一般以装配内容区分，如主线一般分为内饰线(板链 + 滑橇)、底盘线(积放链 + 摩擦线)、最终装配线(板链)，分装线则有车门分装线(摩擦线)等；输送线则以输送的零件区分，如轮胎输送线(滚筒)、座椅输送线(滚筒)、前端模块线(摩擦线)。这些线体和设备分别位于车间一层、二层，一般来讲，一层装配，二层输送。

汽车检测线是综合运用现代检测技术，对汽车实施不解体检测的一系列设备及仪器组成的线体。它利用现代的检测设备和检测方法，在室内检测出国家、地方法规及企业标准要求的汽车主要性能参数，能预测汽车出厂前可能出现的故障。

工装夹具可简单地分为两类：定位工装与非定位工装。

定位工装：指对装配起定位辅助作用，为更好地保证产品质量而制作、使用的工装夹具。对装配有定位作用，通常对零件在 X、Y、Z 三个方向进行限制，保证装配位置的唯一性，对产品质量有积极作用。工装夹具尺寸变化、变形、磨损等会对产品的质量造成严重影响。

复习思考题

1. 汽车总装配的设备有哪些？
2. 汽车总装配检测线有哪些检测内容？具体怎么操作？
3. 汽车装配中工装夹具有什么作用？
4. 什么是六点定位原则？

第 5 章
总装质量管理

学习目标 ▶

通过本学习情景的学习，你将做到：

1) 掌握总装质量管理的主要内容。
2) 了解总装质量管理的特点。
3) 掌握生产制造阶段的质量管理方法。
4) 了解工序检验的类型及特点。

情景描述 ▶

2013 年 8 月初，某汽车生产厂的涂装车间进行正常涂装操作结束，进入内饰线进行装配作业时发现，车身与车身底板之间本来应该完好的焊接，不该有缝隙以及缝隙不均匀的情况，但是有一台车车身与车身底板之间出现了缝隙，初步判断应该是某焊点焊接不牢，在涂装作业时松动导致车身与车身底板出现缝隙。

进入返修区经过很长时间的检查发现，有一处不太容易发现的焊点焊接不牢。

任务：请同学们根据以上案例，以小组为单位，学习和讨论关于工序检验的类型及其重要性，并且完成以下任务：

1) 请设计企业总装质量管理的方针。
2) 请设计企业总装质量管理的具体方案。
3) 请制订企业总装质量管理的工序检验表格。

相关知识 ▶

想一想

1) 什么是总装质量管理？
2) 总装质量管理的主要内容是什么？
3) 工序检验有哪些分类？
4) 力矩偏差产生的原因及预防措施是什么？

5.1　质量概述

我们的工作目的是什么？

每个人都必须认识到质量管理的重要性，积极参与质量管理工作，改进质量，降低成本，提高效率，快速、低成本地生产出优质产品，并提供优质服务。企业的产品让顾客满意，赢得顾客信任，扩大市场份额，企业才能更好地生存和发展，个人才有更好的谋生和发展场所，因此需要树立快速、低成本生产出质量优良并令客户满意的产品的思想。

何谓好的商品？以轿车为例：如图 5-1 所示。

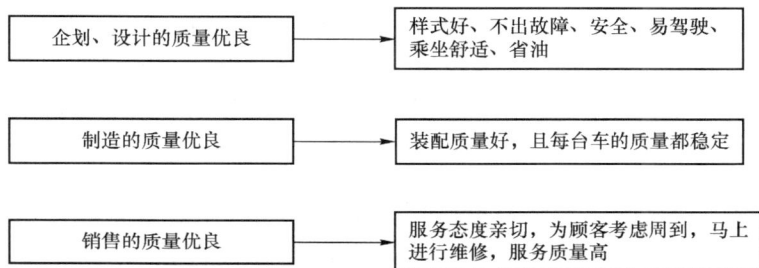

```
┌──────────────────────┐      ┌──────────────────────────────┐
│  企划、设计的质量优良  │─────▶│ 样式好、不出故障、安全、易驾驶、 │
└──────────────────────┘      │ 乘坐舒适、省油                  │
                              └──────────────────────────────┘

┌──────────────────────┐      ┌──────────────────────────────┐
│    制造的质量优良      │─────▶│ 装配质量好，且每台车的质量都稳定 │
└──────────────────────┘      └──────────────────────────────┘

┌──────────────────────┐      ┌──────────────────────────────┐
│    销售的质量优良      │─────▶│ 服务态度亲切，为顾客考虑周到，马上 │
└──────────────────────┘      │ 进行维修，服务质量高            │
                              └──────────────────────────────┘
```

图 5-1　好的轿车的组成

由此可见，质量贯穿于每件商品整个生命周期中。

5.1.1　质量管理概述

想 一 想 ▶

什么是质量管理？

质量管理是指在质量方面指挥和控制组织的协调的活动。而我们知道，改进质量，无论是改进有形产品（实体产品），还是改进无形产品（服务或工作），都要付出一定的代价。质量管理既要不断地满足顾客的相对需求，同时又要符合企业增加利润的内在要求。也就是说，质量管理就是为了在最经济的水平上生产出充分满足顾客质量要求的产品。

质量管理体系（Quality Management System,QMS）通常包括制订质量方针、目标以及质量策划、质量控制、质量保证和质量改进等活动。实现质量管理的方针目标，有效地开展各项质量管理活动，必须建立相应的管理体系，这个体系就叫质量管理体系。

质量管理的发展与工业生产技术和管理科学的发展密切相关。现代关于质量的概念包括对社会性、经济性和系统性三方面的认识。

1. 质量社会性

质量的好坏不仅从直接的用户，而且要从整个社会的角度来评价，尤其关系到生产安全、环境污染、生态平衡等问题时更是如此。

2. 质量经济性

质量不仅从某些技术指标来考虑，还从制造成本、价格、使用价值和消耗等几方面来综合评价。在确定质量水平或目标时，不能脱离社会的条件和需要，不能单纯追求技术上的先进性，还应考虑使用上的经济合理性，使质量和价格达到合理的平衡。

3. 质量系统性

质量是一个受到设计、制造、使用等因素影响的复杂系统。例如，汽车是一个复杂的机械系统，同时又是涉及道路、驾驶人、乘客、货物、交通制度等特点的使用系统。产品的质量应该达到多维评价的目标。全面质量管理的创始人费根堡姆认为，质量系统是指具有确定质量标准的产品和为交付使用所必需的管理上和技术上的步骤的网络。

5.1.2 总装质量体系概述

作为"四大工艺"中的最后一道工艺的总装，其职责不仅仅是负责车间内汽车车身零部件的装配质量（包括内饰、发动机合车、外装及电气检测、淋雨等），同时也需要对上工序的质量进行监控（涂装、焊装），完成车辆装配后交付质量部门进行功能性检测。

总装质量体系，是以总装责任人为主体，全员参与，做到"不接收、不制造、不流出"不良产品，为确保产品质量，避免生产过程中出现包括外伤、错漏装等装配不良的管理体系。

5.2 工序质量改进及质量管理分类

5.2.1 工序质量改进

1. 工序质量改进方式

工序质量改进方式多种多样，一般归纳为三种类型：维持性工序质量改进、突破性工序质量改进、重点攻关性工序质量改进。

1）维持性工序质量改进指在生产过程中，消除偶发性缺陷及其产生的原因，使工序质量恢复并保持在可接受的受控状态。

2）突破性工序质量改进指在工序处于受控状态下，针对经常性缺陷产生的随机原因采取措施，使工序产品质量提高到一个过去未曾达到过的新水平。

3）重点攻关性工序质量改进指企业技术检查部门针对产品设计需要或用户要求提高产品质量，对生产工序进行一系列工艺改进。

2. 工序质量改进程序

1）收集信息。在质量审核、质量成本分析、企业内部质量反馈信息、用户反馈的质量信息中收集质量问题。

2）确定质量问题。用充分的数据选出最重要的问题，从经济的角度来说明这一问题的重要程度、解决后的效果，以便引起领导的重视和各方面支持。

3）问题选定后进行质量缺陷诊断。

4）确定改进措施。根据实际情况制订质量改进计划。

5）明确组织责任，即落实各部分由谁去负责、解决。

6）规定解决问题的时间期限。通常是根据问题的紧迫性来确定、并按时间期限做出计划进度表。

7）检查效果。将采取措施前后的状态进行对比，确定问题解决到什么程度。确认是否能防止问题再发生。

8）标准化。确定改进后的标准，防止问题再次发生。

9）总结。总结质量改进工作中各个环节的完成情况，对遗留问题要制订出下一次工序质量改进计划，继续进行改进。

5.2.2　质量管理的分类

作为生产制造过程的质量管理，方式包括作业标准化、力矩管理、变化点管理、工序检验、总装过程检查。

1. 作业标准化

作业标准化又称作业指导书，是指导作业者进行装配，以确保品质而制订的作业基准。作业指导书一般由工艺人员进行制订，得到总装负责人审批后，方能实施。制作的范围，包括整车的全部组成零部件和要素作业的全部作业内容，按车型分开制作。需存放于操作岗位附近，并保持纸面的清洁，确保《作业标准书》的统一性。新作业者入职、多岗位人员培训、作业者岗位变动均需对作业书进行学习，并达成相应的要求。

2. 力矩管理

通过对产品设计力矩的转化及对现场拧紧力矩的检测、监督管理，确保整车的安全性、可靠性。

想 一 想 ▶

什么是力矩管理？重要吗？

汽车总装制造的主要任务是将汽车各组成部分零部件组装成为整车，其中力矩问题一直被认为是汽车总装制造的核心问题。螺纹紧固力矩偏大或偏小直接关乎汽车驾驶人的行驶安全，因此，建立一套有效的力矩管理体系对于保障总装装配质量尤其重要。对于汽车来讲，力矩是影响汽车驾驶安全性能的关键因素。对快节拍的总装制造车间流水线人工螺栓拧紧作业来讲，螺栓联接力矩要受到 5M1E，即人、机、料、法、环、测等诸方面影响，其中任何一个环节出现异常都会导致力矩产生异常波动，而力矩非正常波动后未及时发现并返工，则会给车辆售出后顾客乘坐带来难以预料的突发灾难。因此，做好总装车间力矩管理对于一个企业的可持续发展至关重要。

下面首先了解一下螺栓紧固过程中相关件的受力分布情况（图 5-2），从图 5-2 中可以看出螺栓紧固后，联接件与被联接件之间将形成一定的"夹紧力"，这个力是螺栓联接想要达到的目的。但事实上达到这个"夹紧力"的同时，联接件与被联接件还要承受一对横向的"剪切力"，而联接后螺栓受到来自联接件与被联接件施加的"张力"，根据牛顿第三定律得知，螺栓本身也会产生一个"抗张力"，以保持受力平衡。

由上述分析可知，螺栓联接后想要的是使联接件与被联接件之间达到设计的夹紧力要求，夹紧力的大小就决定了联接的松紧。通过图 5-3 可以看出，联接件与被联接件之间的夹紧力大小与螺栓旋转角度有关，事实上它们之间存在着特定的线性关系。从图 5-3 中看出，夹紧力与螺栓旋转角度呈现的是一种分段型的线性关系，以联接件与被联接件开始接触时螺栓角度为初始角度 0°、旋转 1 周角度递增 360°计算，夹紧力大小将呈现以下三种状况：

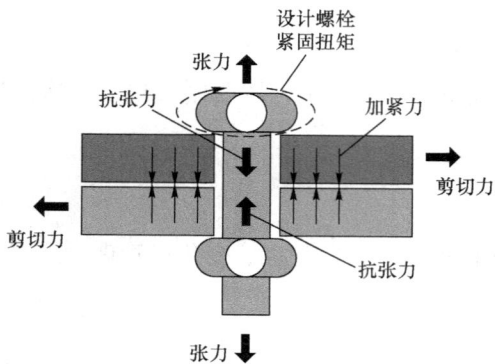

图 5-2　螺栓联接后的受力状态

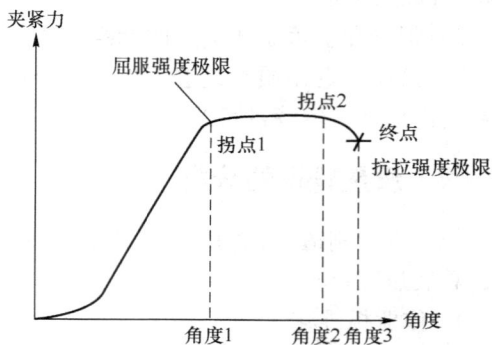

图 5-3　夹紧力与螺栓旋转角度关系

1）当螺栓旋转处于 0°~角度 1 时，夹紧力与螺栓角度呈现单调递增关系，螺栓在角度 1 时夹紧力达到最大值。

2）当螺栓旋转处于角度 1~角度 2 时，夹紧力基本不随角度增大而改变。

3）当螺栓旋转处于角度 2~角度 3 时，夹紧力随角度增大而呈现递减关系。

4）当螺栓旋转≥角度 3 时，此时螺栓承受的抗张力超过螺栓屈服强度，即螺栓断裂。

事实上，联接件与被联接件在随螺栓角度变化的同时，螺栓本身也经历着三个阶段的变形（图 5-4）。由图 5-4 得知，螺栓正常情况下紧固到设定力矩时应处于弹性变形状态，当力矩继续增大时，螺栓本身受力后开始转变为塑性变形、拉伸变形直至螺栓断裂失效。因此，在汽车总装螺栓紧固中，若螺栓紧固角度偏小，即螺栓本身弹性变形不足，则会使联接件与被联接件之间形成的夹紧力达不到设计要求，从而使车辆售出后顾客乘坐时螺栓经过一段时间颠簸后突然脱落而引发事故。若螺栓紧固角度过大，直接后果就是螺栓当场断裂，需要返修。更重要的是螺栓处于塑性变形或拉伸变形阶段，这种隐形的变形会使联接件与被联接件夹紧力减小，且螺栓在这两个阶段内部已经形成较大的抗张力，虽然从表面上并不能发现有什么变化，但事实上车辆经过一段时间运行后仍然可能会导致螺栓突然断裂引发事故。

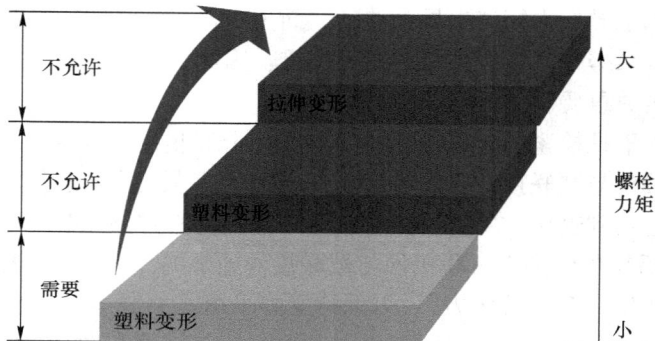

图 5-4　螺栓紧固受力变化

3. 力矩偏差的原因

在汽车总装制造过程中，引起力矩偏大或偏小的原因大致可以分为以下几类：

1）新员工未培训到位，使力矩紧固人员对紧固标准的认识模糊，不清楚力矩紧固的重要性，从而使员工不能正确发现并反馈力矩异常。

2）力矩工具选型过程缺乏综合考虑，造成工具选择不当。

3）力矩紧固工具装配过程管理不完善造成工具混用，导致力矩紧固后不符合设计要求。

4）力矩校验机制不够健全，造成部分工具未进行正确的力矩日常校验。

5）返工过程中使用工具不当或缺乏返工规范，导致力矩紧固后异常。

6）力矩控制环节缺乏相应的自互检及预防监控措施。

对引起力矩异常产生的多种原因，可以针对性地开展一系列预防工作，具体如下：

（1）做好新员工岗前技能鉴定　对于新员工来讲，对于力矩的概念、操作及其重要性均非常模糊，或者说是了解甚少，因此新员工上岗前培训工作至关重要。管理者不仅要对新员工进行力矩基本常识及其重要性的理论培训，还要通过现场演示使操作人员掌握正确的工具使用技巧，然后采用理论与实践相结合的测评方式对新员工进行测评，以确认其是否已具备上岗资格。不仅如此，对于上岗后的新员工仍然需要进行跟踪和指导。为更好地区别新员工，需要对新员工进行明显的标示，这样力矩管理人员可以在众多的操作人群中很快辨认出新员工，然后进行有效跟踪，以便于及时发现问题并加以纠正，有效保障新员工操作力矩的准确性，对于新员工技能迅速提升具有较大帮助。图 5-5 所示为手动定扭力矩扳手校验表。

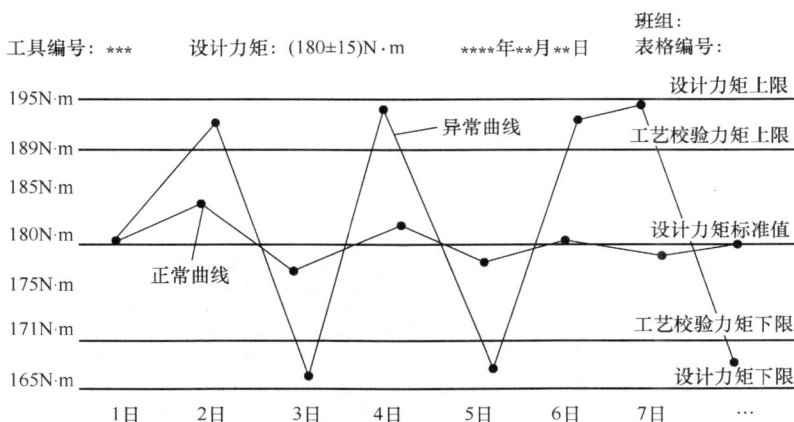

图 5-5　手动定扭力矩扳手校验表

（2）做好力矩装配点的工具选择　装配力矩是靠气动、电动或手动定扭力矩扳手等可预设力矩工具实现的，工具的正确选择是汽车装配力矩保障的首要条件，因此要选择声誉度较好的知名工具厂家，同时还要做好工具类型的选择。

由于不同的工具在结构、设计原理及适用场合存在较大差异，因此不同力矩装配点要根据具体工具的特性来选择。一般手动定扭力矩扳手精度较高，能够达到 ±3%，但其紧固效率较低，因此这种工具比较适合于重要力矩点的复紧。气动弯角扳手精度也较高，能够达到 ±5%，但其反作用力较大，因此一般大力矩操作工位（底盘举手操作工位除外）选用比较适合，这样既可一次保障力矩，又能保障操作安全。气动脉冲扳手精度很低，仅能达到 ±（10%~15%），但其优点是反作用力比较小，所以底盘举手操作工位使用起来比较安全，但要注意的是气动脉冲扳手精度太低，一般不能作为最终紧固力矩，只能用于力矩预拧的场合，且预拧时一般只紧固到设定力矩的 80%，然后最终力矩的保障交由手动定扭力矩扳手完成。图 5-6 所示为返工工艺点检卡。

A5 补装罩盖点检卡　　　　VIN码：		返工确认	检验员确认
序号	检查项目	返工确认	检验员确认
1	紧固发动机罩盖，进气总管处卡箍力矩：3±0.3N·m		
2	紧固发动机罩盖，连接空滤处卡箍力矩：3±0.3N·m		
3	紧固引气管，连接谐振箱处卡箍力矩：3±0.3N·m		
4	紧固引气管连接车身螺栓力矩：3±0.3N·m		

编制：工艺员***

图 5-6　返工工艺点检卡

（3）做好工具识别及放置规范工作　由于汽车总装零部件装配时涉及数百个力矩紧固，而使用的工具外观相同但设定力矩却迥异。且随着总装流水线从单品种大批量向多品种小批量柔性化方向发展，车型的交叉混线生产令同班组或相邻工位经常拿错工具，而作为力矩管理人员却因工具外观相似也很难及时发现并纠正。因此，应做好工具的标示，让人更容易辨认。力矩标示时要标明工具使用的位置、工具力矩设定范围等重要信息（见图 5-7）。然而，如何维持好标示却更讲究方法，这里要特别注意的是粘贴工具标示的方式和材料，应选用优质耐磨且粘接牢固的透明胶带，以起到长期持久的效果。另外，工具使用间隔时的存放也会对力矩的精确度产生很大影响，需要根据实际情况制作出合适的工具悬挂架或摆放点，如枪式工具采用枪套式摆放较可靠，而弯角扳手采用平躺式摆放更平稳。另外需注意的是，摆放点按就近原则设置，令操作更便利。

图 5-7　力矩紧固后点标志漆互检

（4）做好力矩扳手的日常校验工作　因力矩扳手紧固时要克服螺栓旋转带来的反作用力，这样工具内部构件在使用一段时间后便会产生细微的松动，如果不及时纠正，这细微的变动便可以使力矩产生较大偏差。做好力矩扳手的日常校验工作就是及时发现并纠正这种偏差的好办法。常见的气动、电动工具一般是使用一定周期后由专业工具校验人员集中校验，但要做好集中校验前的工具编号、力矩标示和校验表格编制工作，以便于校验人员清楚了解每把工具的标定标准而不会误标或混标。对于手动定扭力矩扳手，这样的校验则需要操作员工自己到指定的力矩校验点进行开班前的班次校验。同时，将每把工具实际校验三次力矩的中位值及其趋势点填写在对应的《力矩校验表》(图 5-5)上。由图 5-5 看出，工艺校验力矩值上、下限应比设计力矩值上、下限范围更小、更加严格，通过此趋势图便可以及时掌握每把工具的实际状态，可以及时发现异常情况而预防事故发生。

(5) 做好返工时力矩紧固保障工作　正常的流水线操作保障力矩的同时，不能忽视出现异常后整车下线返工而带来的力矩隐患工作，要保障返工质量受控，就要梳理好返修流程：首先出现异常后员工要及时记录；其次由工艺人员制作《返工作业指导书》，以指导返工人员如何操作，使大家按照统一而正确的返工方法操作；然后要针对具体的异常问题制作对应的《返工工艺点检卡》(图 5-6)，以更详细、全面地提醒返工人员每个步骤的操作，使返工过程更加清晰和严谨，返工自检确认与检验员确认分开使返工质量也更有保障。

(6) 做好力矩三检及预防监控工作　在快节拍的流水线作业中，操作人员有时要拧紧多个螺栓，因此如何防止个别螺栓漏紧问题也是力矩管理的重要组成部分。首先应固化操作人员的紧固顺序，以保障装配手法的一致性，也使员工养成一种良好的工作习惯，避免紧固顺序的随意性造成螺栓漏紧。其次是对重要力矩的自互检工作按规范进行，将其纳入正常的作业范围，如力矩紧固后在联接部位点上标志漆，进行自检确认(见图 5-7)，同时要将这些力矩紧固点纳入相关检验点专检控制，对部分重要但是不能纳入专检的力矩点，应在下道关联工序进行复紧并进行互检点漆。需要注意的一点是，自检和互检的标志漆应采用不同的颜色，以便于管理和问题分析。为及时发现紧固后力矩衰减情况，并对稳定性较差工具有效纠偏，用气动弯角扳手拧紧的牵涉安全件、法规件等重要力矩的紧固点，还要用表盘或数显力矩扳手进行班次抽检，并填写《拧紧工程管理表》，以做好日常监控。

力矩管理工作流程如图 5-8 所示。

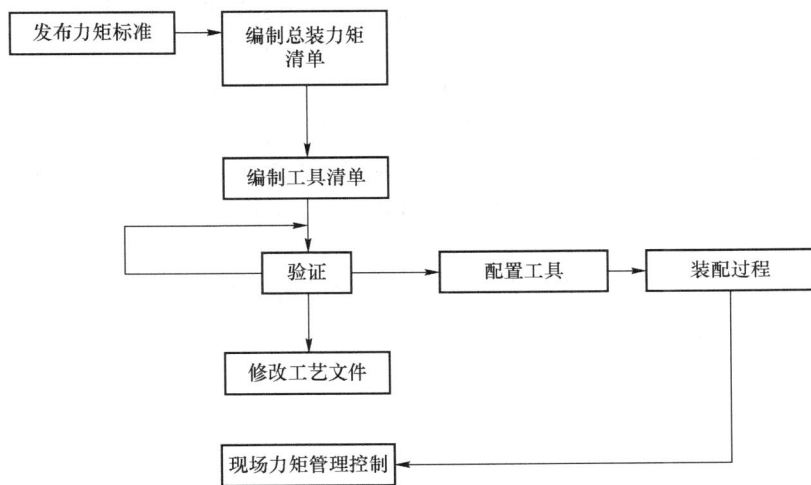

图 5-8　力矩管理工作流程

总装的力矩控制是一项系统而又复杂的工作，本书从新员工的培训到整车异常下线后的返工等诸方面阐述了一些简单而实用的力矩管理方法，这些方法的实施有效地保障了总装装配整车力矩与设计要求之间的一致性，同时也有效防止了螺栓等联接件错漏装等质量事故的发生。当然，力矩管理是一个体系，这个体系建立后不仅需要持续的维持，还要有所改进，只有在持续的基础上不断创新工作方法，才能使这个体系更加完善。而力矩的有效保障可确保整车交给顾客使用时的安全性，为企业品牌美誉度提升提供坚强后盾。

想 一 想 ▶

如何准确地控制力矩？

4. 变化点管理

为规范总装各作业潜在变化因素，使各潜在变化因素处于受控状态而制订的管理章程称为变化点管理，主要为各作业流程（环节）所涉及的人、机、料。

（1）流程和管理办法　岗位员工及由员工变化引起的变化点管理：新进员工进入工作岗位前，必须接受部门的岗前培训，包括安全、工作要求；培训后接受部门的考核——理论和实际操作；经考核合格后，由各车间给予佩戴相应的袖章，在操作过程中佩戴相应袖章者需引起注意；作业过程凡人员有变动的，同时人员变动会对作业过程（或结果）有显著影响的，立即列入"变化点管理"，进行首件确认，确认合格后，由各车间给予佩戴相应的袖章，需引起注意；具备相等技能或更高技能等级的人员替换，不列入"人"的"变化点管理"。

（2）总装线变化引起的变化点管理　实行专人跟进总装线。任意一条总装线因设备机器出现停线，应立即提报相关人员，然后视情确定维修完成期限。设备维修后以试车是否成功为标准。成功后使用部门现场主管应组织实施"变化点管理"，进行首件确认。确认合格后，由作业部门在该批有"机"变化因素的产品流转卡上盖"变化点—机"，观察周期为1～3天，待设备运转正常情况下，将变化点图标取走备案。

（3）材料（备件）及由材料（备件）变化引起的变化点管理　生产安排严格执行技术资料——BOM和图样要求，包括材料牌号、产地、供应商、回料比例。凡出现材料牌号、产地、供应商、回料比例、更换厂家的变化（满足技术资料要求的前提下），采购部门必须告知技术部门、生产管理部门、使用部门。在加工外协件出现不合格时，加工部门必须组织实施"变化点管理"，贴上对应图标，将信息反馈至技术、生产部门，由生产部门告知采购依据技术部门重新核定图样采购相关件，在来首批改制件后，使用部门应立即组织实施"变化点管理"，进行首件确认。确认合格后，由作业部门在该批有"料"变化因素的产品流转卡上盖印章，待加工首批件合格后（与技术部门共同），取走变化点图标。

5. 工序检验

工序检验是指为防止不合格品流入后工序，而在工艺编排中加入检查的保证手段，即检查成了员工生产操作的一部分。

想 一 想 ▶

工序检验应该从几方面入手？

（1）工序检验的目的　工序检验的目的是防止出现大批不合格品，避免不合格品流入以便改进工序质量，从而到下道工序继续进行加工。因此，工序检验不仅要检验产品，还要检定影响产品质量的主要工序要素（如5M1E）。

（2）工序检验的作用

1）根据检测结果对产品作出判定，即产品质量是否符合规格和标准的要求。

2）根据检测结果对工序作出判定，即工序要素是否处于正常的稳定状态，从而决定工序是否应该继续进行生产。

（3）工序检验的分类　工序检验分为首件检验、工序检验、巡回检验和末件检验。

1）首件检验通过首件检验，可以发现诸如工装夹具严重磨损之类的问题，如图 5-9 所示。

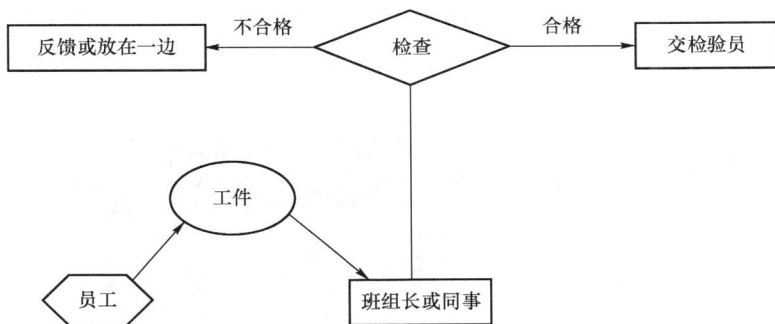

图 5-9　首件检验工序

2）工序检验安装定位错误、测量仪器精度变差、看错图样、投料或配方错误等系统性原因存在，从而采取纠正或改进措施，以防止批次性不合格品发生。首件检验一般采用"三检制"的办法，即操作工人实行自检，班组长或质量员进行复检，检验员进行专检。首件检验后是否合格，最后应得到专职检验人员的认可，检验员对检验合格的首件产品，应打上规定的标记，并保持到本班或一批产品加工完了为止。对大批量生产的产品而言，"首件"并不限于一件，而是要检验一定数量的样品。特别是以工装为主导影响因素（如冲压）的工序，首件检验更为重要，模具的定位精度必须反复校正。为了使工装定位准确，一般采用定位精度公差预控法，即反复调整工装，使定位尺寸控制在 1/2 公差范围的预控线内。工序检验在整个设计制造过程中的位置如图 5-10 所示。

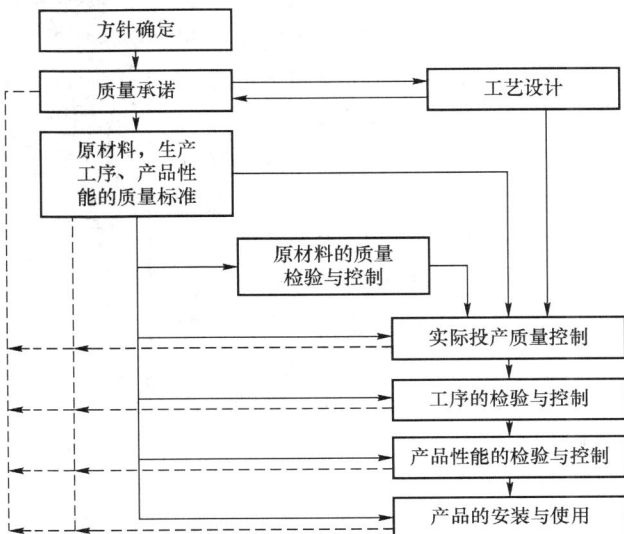

图 5-10　工序的检验

3）巡回检验巡回检验就是检验工人按一定的时间间隔和路线，依次到工作地或生产现场，用抽查的形式，检验刚加工出来的产品是否符合图样、工艺或检验指导书中所规定的要求。在大批量生产时，巡回检验一般与使用工序控制图相结合，是对生产过程发生异常状态实行报警、防止成批出现废品的重要措施。当巡回检验发现工序有问题时，应进行两项工作：一是寻找工序不正常的原因，并采取有效的纠正措施，以恢复其正常状态；二是对上次巡检后到本次巡检前所生产的产品，全部进行重检和筛选，以防不合格品流入下道工序（或用户）。巡回检验是按生产过程的时间顺序进行的，因此有利于判断工序生产状态随时间过程而发生的变化，这对保证整批加工产品的质量是极为有利的。图 5-11 所示为巡回检验现场。

图 5-11　巡回检验现场

4）末件检验靠模具或装置来保证质量的轮番生产的加工工序，建立"末件检验制度"是很重要的。即一批产品加工完毕后，全面检验最后一个加工产品，如果发现有缺陷，可在下批投产前把模具或装置修理好，以免下批投产后被发现，从而因需修理模具而影响生产。工序检验是保证产品质量的重要环节，但如前所述，工序检验的作用不是单纯地把关，而是要同工序控制密切地结合起来，判定生产过程是否正常。例如，通常要把首检、巡检同控制图的使用有效地配合起来。图 5-12 所示为零件末件检验。

工序检验不是单纯地把关，而是要同质量改进密切联系，把检验结果变成改进质量的信息，从而采取质量改进的行动。对于确定为工序管理点的工序，应作为工序检验的重点。检验人员除了应检验监督操作工人严格执行工艺操作规程及工序管理点的规定外，还应通过巡回检验，检定质量管理点的质量特性的变化及其影响的主导性因素，核对操作工人的检验和记录以及打点是否正确，协助操作工人进行分析和采取改正的措施。

图 5-12　零件末件检验

（4）工序检验的制度内容

1）应规定工艺质量标准，明确技术要求、检验项目、项目指标、方法、频次、工序检验仪器等要求，并在工序流程中合理设置检验点，编制检验规程。

2）按技术要求和检验规程对半成品和成品进行检验，并检查原始记录是否齐全，填写是否完整，检验合格后应填写合格证明文件并在指定部位打上合格标志（或挂标签）。

3）严格控制不合格品，对返修、返工能跟踪记录，能按规定程序进行处理。

4）对待检品、合格品、返修品、废品应加以醒目标志，分别存放或隔离。

5）特殊工序的各种质量检验记录、理化分析报告、控制图表等都必须按归档制度整理保管，随时处于受检状态。

6）编制和填写各工序质量统计表及其他各种质量问题反馈单。对突发性质量信息应及时处理和填报。

7）制订对后续工序（包括交付使用中发现的工序质量问题的反馈和处理）的制度，并认真执行。

8）制订和执行质量改进制度。按规定的程序对各种质量缺陷进行分类、统计和分析，针对主要缺陷项目制订质量改进计划，并组织实施，必要时应进行工艺试验，取得成果后纳入工艺规程。

（5）工序检验的要求　工序标准化对"5M1E"提出了明确要求，企业应将工序标准化工作纳入工序质量改进的整体计划之中。在制订相关标准化要求的基础上，通过工序质量的调查与分析，发现工序标准化各具体要求的执行偏差，进而采取改进措施。通过工序质量改进的持续循环，促进工序标准化的真正实现和持续改进，从而实现工序质量的持续改进。

1）工序检验管理。

① 工序流程布局科学合理，能保证产品质量满足要求。

② 能区分关键工序、特殊工序和一般工序，有效确立工序质量控制点，对工序和控制点能标示清楚。

③ 有正规有效的生产管理办法、质量控制办法和工艺操作文件。

④ 主要工序都有工艺规程或作业指导书，工艺文件对人员、工装、设备、操作方法、生产环境、过程参数等提出具体的技术要求。

⑤ 特殊工序的工艺规程除明确工艺参数外，还应对工艺参数的控制方法、试样的制取、工作介质、设备和环境条件等作出具体的规定。

⑥ 工艺文件重要的过程参数和特性值经过工艺评定或工艺验证；特殊工序主要工艺参数的变更，必须经过充分试验验证或专家论证合格后，方可更改文件。

⑦ 对每个质量控制点规定检查要点、检查方法和接收准则，并规定相关处理办法。

⑧ 规定并执行工艺文件的编制、评定和审批程序，以保证生产现场所使用文件的正确性、完整性、统一性，工艺文件处于受控状态，现场能取得现行有效版本的工艺文件。

⑨ 各项文件能严格执行，记录资料能及时按要求填报。

⑩ 大多数重要的生产过程采用了控制图或其他的控制方法。

2）工序检验其他信息工序检验，有时叫做阶段检验，目的是在工序阶段进行监测，以避免不合格品产出造成的浪费。如果不合格品在早期阶段被发现，就能采取纠正措施，这样就可以避免不合格产品的出现。

工序检验是统计过程控制的一部分，被大量用来确定不合格发生的趋势。制订工序检验的详细计划和程序是必要的，它可确保工序控制职能的有效发挥，使工序的特定阶段产品符合规定的质量要求。工序检验应确保对生产过程中给定阶段负责的人员不断接收符合要求的原料。

现在的趋势是把工序检验的职责委托给生产人员。在这种情况下，应当通过恰当的培训、文件化的程序和工序检验的审核活动确保其公正、客观性。

应当制订质量计划，以使工序检验点沿着相应的工序流程设置。当此项工作仍处于工序阶段时，应当严格遵循工序检验的顺序，并且只有经确认的产品才可以转入下道工序。产品在转入下道工序之前，发现任何偏差都必须更改，因为在后续阶段的补救措施可能是不可行的。

在一些合同中，顾客通过他们的代表规定验证产品的工序停滞点。应当建立清楚的程序，以确保生产没有超越这些停滞点，并且通知顾客使得他们能够安排验证。如果因为时间紧急，延误了某一特定阶段的检查，这种延误必须有具备所要求权力的人员的许可。有关的产品必须清楚地标示，并在后续阶段经检验和认可。

5.3   总装的质量控制

车间根据各工位的质量情况和车间（公司）指标合理设置检验工序内控点和配备必要的检测（试验）器具或检测工装，并确保检测器具有效。内控点设置的合理性可由质量、工艺和车间共同审理，报质量管理部备案。检验器具由车间管理，计量器具的有效性检定由质量管理部负责。检测工装由车间制订校对规程，确定校对频次和内容，并妥善保管。

车间负责制订各工序检验、装配各班组、调试员及分管技术质量人员的质量职责和质量考核方法、内容及指标，在过程控制中车间对其实施监督和考核。

车间应确保各工序检验员持有相应的检验依据和检测方法，检验文件须适宜和有效。

车辆下线车调试作为车间装配产品的最终检验，调试方法和内容严格按公司相应的技术文件和检验标准执行，车间应确保调试过程受控。

车间负责所辖区域内质量记录的保存，保证记录清晰、整洁、完整，便于识别和追溯。

质量管理部负责对经过了所有的过程检验和试验（包括调试完工）的产品进行最终检验和验收。

质量管理部的成车检验、成车抽查、下线车检查及随机车间检查作为对车间产品质量、质量指标完成情况和产品制作过程质量控制能力的考核依据，以便对产品装配、调试过程质量进行监督，确保王牌品质。

5.3.1   车间自我保证——双"三检"管理

1. 双"三检"管理的概念

产品质量控制过程车间必须落实"自检、互检、专检"制度和"进厂检验、过程检验、出厂检验"双"三检"管理，做到不接受、不传递、不制造产品缺陷，特别加强员工自主检验和后续检验力度，落实和分清质量事故责任，严格控制质量风险，提升部门产品质量，提高部门员工质量意识，做到全体员工参与到质量管理中，图5-13所示为双"三检"管理。

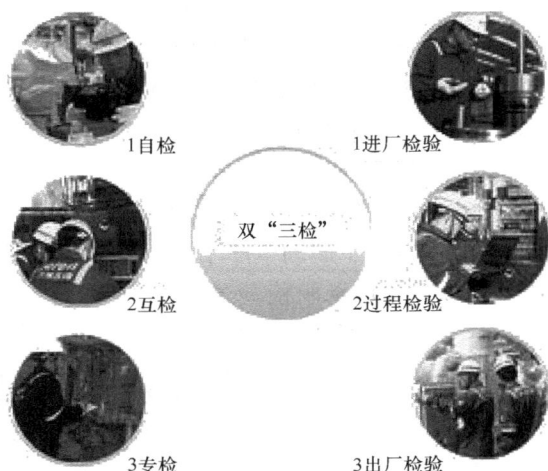

图 5-13　双 "三检" 管理

（1）自检　自检就是生产者对自己所生产的产品，按照图样、工艺或合同中规定的技术标准自行检验，并作出是否合格的判断。这种检验充分体现了生产工人必须对自己生产的产品质量进行负责。通过自我检验，使生产者充分了解自己生产的产品在质量上存在的问题，并开动脑筋，寻找出现问题的原因，进而采取改进的措施，这也是工人参与质量管理的重要形式。

（2）互检　互检就是生产工人相互之间进行检验。互检主要有：下道工序对上道工序流转过来的产品进行抽检；同一机床、同一工序轮班交接时进行的相互检验；小组质量员或班组长对本小组工人加工出来的产品进行抽检等。这种检验不仅有利于保证加工质量，防止疏忽大意而造成成批地出现废品，而且有利于搞好班组团结，加强工人之间良好的群体关系。

（3）专检　专检就是由专业检验人员进行的检验。专业检验是现代化大生产劳动分工的客观要求，它是互检和自检不能取代的。而且三检制必须以专业检验为主导，这是由于现代生产中，检验已成为专门的工种和技术，专职检验人员无论对产品的技术要求、工艺知识和检验技能，都比生产工人熟练，所用检测量仪也比较精密，检验结果比较可靠，检验效率也比较高；其次，由于生产工人有严格的生产定额，定额又同奖金挂钩，所以容易产生错检和漏检，有时，操作者的情绪也有影响。以相信群众为借口，主张完全依靠自检，取消专检，是既不科学，也不符合实际情况的。

应当指出，ISO9000 系列国际标准把质量体系的 "最终检验和试验" 作为企业中一种重要的质量保证模式，对质量检验提出了严格的要求和规定。目前，我国已等同采用该标准，必须严肃对待，严格执行。今后，是否重视质量检验，实际上是一个是否重视质量的试金石，没有质量标准，没有质量检验机构和质量检测手段的产品，不能允许正式投产。

2. 双 "三检" 管理的实施

首先需要合理确定专检、自检、互检的范围。一般说来，进货检验、半成品流转与成品最终检验应以专职检验为主；工序检验则可以根据不同情况区别对待，由生产工人自检、互检或者专职检验员负责检验。在工人自检、互检情况下还要辅以专职检验员负责检验及巡回

抽检。实行工人自检、互检时,一般还需要考虑以下几点:

1) 在生产工人的岗位责任制中对自检作出明确规定。

2) 现场提供必要的手段(如检验标准和检验器具等)。

3) 健全原始的记录制度,在工作票等原始票证中,要有自检、互检记录栏目。

4) 要有考核方法,列入生产工人经济责任制考核内容,做到有奖有罚。

实行专检与自检、互检相结合的制度,是工人参加质量管理的一种有效的形式,它充分体现了企业中工人主人翁的地位,有利于调动生产工人的积极性,促进生产工人重视产品质量,自觉把好产品质量关,有利于减轻专职检验员的工作量,能使专职检验员集中精力抓好关键产品、关键工序的质量检验,图5-14所示为双"三检"管理的实施。

它更充分体现了社会主义企业中生产工人与专职检验员之间的互助合作关系,也更利于克服专职检验员"把关",生产工人"闯关"的对立状态,从而有利于产品质量的提高。

图5-14 双"三检"管理的实施

贯彻执行专检与自检、互检相结合的制度,要处理好这三者的关系。群众性自检、互检是搞好质量检验的基础,没有这个基础,专检就搞不好。但群众性自检、互检又需要专检作指导,没有专检的指导,群众性自检、互检便不能巩固和提高。因此,这三检关系,要相互依存、相互促进,共同把关,而不能相互扯皮、互推责任。

3. 双"三检"管理的坚持方法

1) 要注重实效,防止走过场。"三检制"作为安全管理的一种制度和形式,包含着非常丰富的实际内容。班前检查有三项内容:一是检查防护用品和用具,看职工应该穿戴的防护用品是否按要求穿戴了,防护用具是否携带了,如果不符合规定,则应督促他们改正;二是检查作业现场,看是否存在着不安全的因素,如果存在,则应及时排除,以保证职工有一个安全可靠的作业环境;三是检查机器设备,看是否处于良好的状态,如有故障,则应及时检修。班中检查的内容是:督促落实各种防护措施,制止或纠正违章作业行为,消灭事故苗头,保证全体人员按章操作和设备正常运行。班后检查的内容是:检查作业现场和机械设备,做到工完场清,防护用品用具摆放有序,机械设备处于完好状态。对"三检制"规定的检查项目,班组长必须逐项地进行认真检查。

2) 要把班中检查作为重点,贯穿作业的始终。班组长要做有心人,经常地进行督促检查,还要发挥班组技术员、安全员和全体职工的作用,实行互相监护。

3) 要把检查督促与加强安全教育结合起来。坚持"三检制"的目的在于预防。规章制度再好,如果不解决思想认识问题,只是抱着消极应付的态度,也收不到预期效果。只有大家的防护意识增加了,才能主动地接受检查,自觉地遵守规章。

4) 要持之以恒,常抓不懈。坚持"三检制",必须使实劲,有韧劲。如果不坚持检查,很可能要出事,对事故这个祸害,必须天天时时加以防范,而坚持"三检制"正是天天时时预防事故的有效途径。

5.3.2　质量沟通与质量责任

1. 质量沟通

想 一 想 ▶

质量沟通有什么作用？

为保证员工认识到各自工作在质量控制过程中的关联性和自己从事的工作在质量管理中的重要性，必须建立和完善关于质量信息管理的沟通渠道和流程。成车检验员对发现的调试、装配质量问题及时与调试和车间操作者（检验员）进行沟通，防止同类问题再发生，从而提高装配、调试和检验效率，共同提升产品和过程产品的质量。车间工序检验员从下道工序或成车检验员了解所辖区存在的质量问题，随时与生产班组长沟通，确保装配质量。生产班组长应随时到后续班组、调试和成车检验组收集本班组装配质量信息，对本班组存在的不足，应立即纠正和采取防范措施，以确保本班组装配产品符合规定要求。

2. 质量责任

（1）质量管理责任

1）由于质量管理工作失误，造成产品质量要求与生产计划发生冲突时，实施质量和进度管理双重处罚，且质量管理失误处罚大于生产进度延误处罚。

2）部门管理方式不当，从而引起产品质量事故和过程质量能力不稳定或下降。

3）未对已发生的质量事故和质量风险采取有效的处理和防范措施。

出现以上三条中任一条或多条的部门负质量管理责任，部门技术质量主管领导为主要责任者。

（2）质量故障责任

1）过程质量故障责任。调试中和质量管理部下线抽查、随机车间抽查发现的装配质量问题，装配车间为主要责任部门，操作者为主要责任者。

成车检验中发现的装配质量问题，装配车间为主要责任部门，调试为次要责任部门。

成车检验中发现的使用性能质量问题，调试为主要责任部门，调试员为主要责任者。

装配车间、调试、成车检验发现自制产品质量问题，生产车间或生产班组为主要责任部门，自制产品检验员为次要责任者。

2）产品质量故障责任。成车抽查、售中、用户反映的装配质量问题，装配车间为主要责任部门，调试、质量管理部为次要责任部门。

成车抽查、售中、用户反映的使用性能质量问题，调试为主要责任部门，质量管理部为次要责任部门。

本 章 小 结

每个人都必须认识到质量管理的重要性，积极参与质量管理工作，改进质量，降低成本，提高效率。质量是企业的生命要素之一，不断改进产品的质量，是绝大多数企业为之奋斗的永恒主题。

质量管理体系（Quality Management System, QMS）通常包括制定质量方针、目标以及质量策划、质量控制、质量保证和质量改进等活动。总装质量体系是以总装部门责任人为主体，为确保产品质量，避免生产过程中出现包括外伤、错漏装等装配不良而专门设立的管理体系。在实际生产中，工序质量受工序因素变化影响总会出现波动，从而导致缺陷的产生。一般来说，工序质量缺陷分为两类：偶发性质量缺陷和经常性质量缺陷。

作为生产制造过程的质量管理，包括作业标准化、力矩管理、变化点管理、工序检验、总装过程检查。

汽车总装制造的主要任务是将汽车各组成部分零部件组装成为整车，其中力矩问题一直被认为是汽车总装制造的核心问题，螺纹紧固力矩偏大或偏小直接关乎汽车驾驶人的行驶安全，因此建立一套有效的力矩管理体系对于保障总装装配质量尤其重要。

产品质量控制过程车间必须落实"自检、互检、专检"制度和"进厂检验、过程检验、出厂检验"双"三检"管理，做到不接受、不传递、不制造产品缺陷，做到全体员工参与到质量管理中。

复习思考题

1. 汽车总装中的质量性态有什么特点？
2. 如何解释汽车总装中的质量管理体系？
3. 在汽车总装制造过程中，引起力矩偏大或偏小的原因是什么？
4. 在汽车总装制造过程中，工序检验的目的是什么？
5. 在汽车总装制造过程中，工序检验有哪几个类型？请简单解释。
6. 如何更好地做好质量沟通，提高产品品质？

第6章 总装物流管理

学习目标 ▶

通过本学习情景的学习，你将做到：
1）建立汽车总装物流管理的概念。
2）掌握汽车总装物流容器的分类及使用方法。
3）了解汽车总装中的零件配送模式。
4）掌握汽车总装中的物流异常处理办法及预防措施。

情景描述 ▶

东风汽车公司开展物流工作的回顾与今后发展

东风公司地处山区，又是分散布局，每年十几万辆汽车的庞大物流量从总装厂行驶到销售部停车场入库，要走行5.7km并穿越居民区和城市交通干道，经营费用高。于是，公司工业运输协会组织了几位专家，经过三个月的工作，提出了《关于总装厂至销售部产品汽车专门通道的方案论证》，从基建投资、经营费用、主要数据和优缺点方面对四个方案进行比较，最后推荐了从总装厂调试车间经销售部拟选停车场的短隧道方案。这个方案实施后，对总装厂来说，距离缩短了3/4，每年汽车走行里程减少7万km，节省汽油135t，可减少人员23人。通道封闭后，便于管理；减少了交通事故。避免了车辆及零件的丢失，防止成品汽车磕碰。这个方案还避免了成品汽车对城市干道造成的交叉干扰，减少噪声对居民区的影响，社会效益也很显著。在论证这个方案的同时，还为销售部选择了新的停车场，同推荐的专门通道方案有机地联系起来，解决了销售部多处租用停车场地经济耗资多的问题。对销售部来说，每年可节省汽油150t，每年节省移动证费30万元，可减少28人和一辆接人的班车。因此，这个方案提出后立即得到批准，多次受到表扬。

任务：请同学们根据以上案例，以小组为单位，学习和讨论关于汽车物流的重要性，并且完成以下任务：
1）上网查找汽车总装厂使用的物流容器。
2）总装物流管理的应用。

相关知识 ▶

想一想
1）总装物流管理的定义是什么？

2）总装物流容器如何分类？

3）总装物流容器的使用是怎样的？

4）总装物流异常处理办法有哪些？

5）总装物流异常的预防措施是什么？

6.1 物流概述

物流狭义的解释，是指物的实体流动。广义上还包含流动过程中的信息传递，如图6-1 所示。

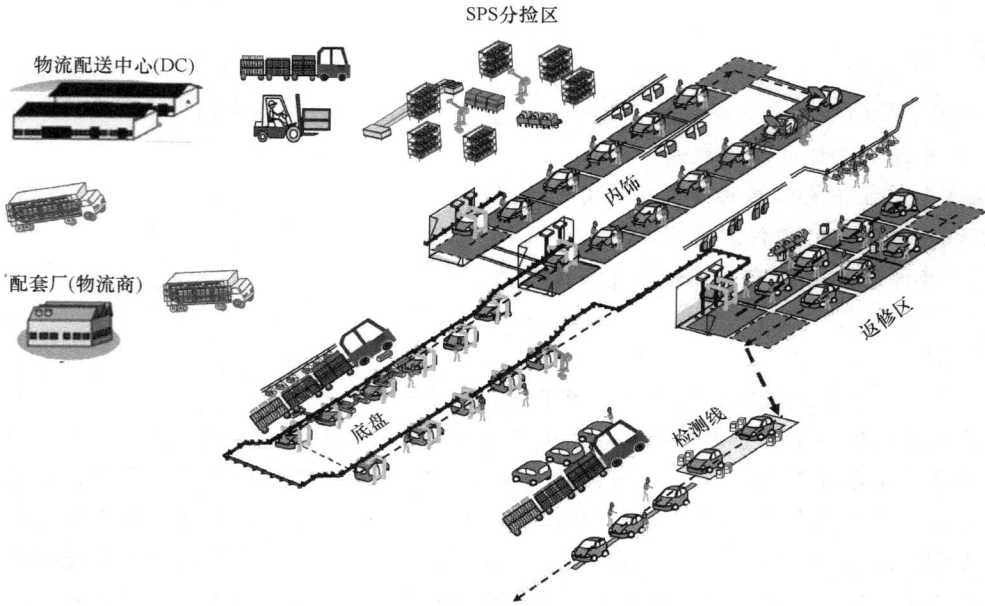

图6-1 物流信息传递

汽车物流是指对汽车生产过程中的包装、流通加工、仓储、装卸搬运、运输、配送、物流信息等活动进行计划、组织和控制，如图6-2 所示。

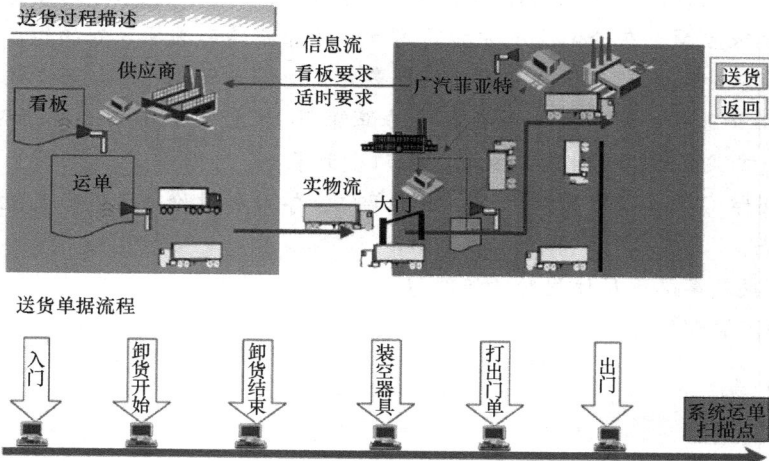

图6-2 零件配送过程中信息传递

物流管理的目的，就是为了使人、时、物得到合理的运用，以取得最佳的经济效果。

想 一 想 ▶

汽车物流的重要性如何？

6.2 总装物流容器

（1）物流单元化技术 物流实施中最基本的层面是零部件物料管理，因此物料管理首先必须确定各种零部件的包装、存放和运输等物流环节所需的容器和料架，以及每种零部件用哪种容器装，装几件，在各物流环节如何存放和搬运。

物流单元化技术是基于制造企业物流各项要求和原则为指导，分析物流中每一种零部件及材料的尺寸、特性，一体化设计确定每一种零部件及材料的包装、运输设备、存储方式及设施(货架、托盘、容器等)、周转容器(尺寸和容器种类)、线旁料架、工位器具、成品包装及储运等物流环节所需的物流器具和工位器具，达到实现各类物流设施能相互匹配兼容、物流各环节作业高效低成本的管理目的。

物流单元化设计之后，企业物流管理者就知道各个物流环节的物流量是多少、物流瓶颈可能会在哪里、对各作业场地的空间要求是什么，从而对各个环节的物流工作进行合理的设计、平面布局、局部空间规划、流程再造等，并使物流管理从成千上万种物料的管理转为对符合一定规范的、种类有限的物流单元的管理。物流单元化方案应成为企业物流实施的指导标准。

（2）专业化的物流容器 物流容器是物流管理最基础的器具，物流容器贯穿物流全过程，在符合所盛物料的容器要求基础上，必须具有通用性，与物流各环节的储运设施相兼容，同时能够自身堆垛并尽可能与其他容器相互兼容堆垛，以提高空间利用率。除了具备"容器"的功能(盛放、包装、保管搬运物料、保护物料品质、计量)外，它还必须具有物流信息载体的功能，以提高物流作业效率和正确率。

包装是物流的起点，每种零部件送至仓库、主机厂或线边都必须有统一规定的包装容器。一般汽车主机厂都会对包装容器的大小、装载量、操作性等作出详细规定，部分主机厂还会对容器进行评审，以适应主机厂的需求。零部件包装容器基本分为四种：

1）标准塑料箱，如图6-3所示。

2）专用塑料箱，内带隔衬，专用发动机物料箱居多，如图6-4所示。

图6-3 标准塑料箱

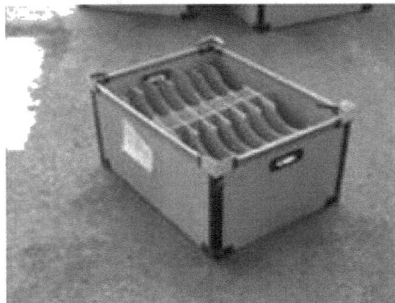

图6-4 专用塑料箱

3）金属料筐，如图6-5所示。

4）专用料架（不规则物料专用，这些物料基本都有通用形式，只是针对此物料进行稍微的改动，部分需要重新设计），如图6-6所示。

图6-5　金属料筐

图6-6　专用料架

根据容器的存放位置不同，可以大略分为包装容器和线边容器。前者主要存放在仓库，后者一般放在线边。

6.2.1　包装容器

一种零件采用何种包装方式一般取决于零件自身的性能及零部件厂与主机厂的距离。对于紧固件来说，一般零部件厂采用纸箱包装，送到主机厂后需要转换包装，换成标准塑料箱送到线边，一般纸箱不允许直接送到线边。对于部分塑料、橡胶材质的零件，采用专用料箱的方式配送。对于较重的金属件，一般采用专用的金属料筐配送，部分较小的金属件也有采用标准/专用料箱配送的。对于较大的零件或形状较为复杂的零件，一般采用专用料架的方式，如图6-7所示。

a)

b)

c)

d)

图6-7　包装容器

a）线棒架　b）专用料箱　c）专用货架　d）通用塑料箱

6.2.2 线边容器

无论什么零件，送到生产线边均需要包装容器，采用何种容器一般根据零件自身性能、配送方式、线边物流空间等确定。

对于内饰线零件较小、重量不大的线体，部分主机厂采用专门台套式配送方式，这些零件一般用专门制作的台车装载零件，并随着产品车运行。对于零件外形和重量等都较大的零件，如座椅、保险杠、轮胎等，一般采用供应商排序直接送到总装卸货口，然后用输送线或人工配送到线边。这类零件一般不需要容器或者只需简单的台板即可。对于紧固件，一般采用标准塑料箱上线，摆放在线边固定的线棒架上。对于派生较多的零件，一般采用供应商排序，使用专用货架上线的配送方式，其余的零件绝大部分使用专用或通用料架、料箱等配送。

总的来说，随着各主机厂对精益生产方式越来越重视，生产线边物料摆放空间越来越小，相应的库存也越来越少，线边容器朝着"专用化"发展。根据零件的性能、形状等制作专门适用于某种零件的容器，并且均带有脚轮，方便运输。更重要的是实现包装容器从供应商到主机厂的统一，循环利用，减少中间转换环节。这样既能保证主机厂的正常生产，也能减小供应商的库存压力。

6.3 总装物流管理

（1）总装物流管理的作用 物流活动是指运输、保管、包装、装卸搬运、流通加工等物资流通活动以及有关物流的信息活动。一般来说，企业的物流活动归纳起来有两类最基本的运动：物资流和信息流。就广义而言，物流也包括人的流动，信息流的作用是综合物流活动的资料、计划和统计数据，以编制的表格、图表、图像等为信息载体，通过信息量值的规划、协调，使物流量在方向、速度、目标方面按确定的时间、空间、地点、路线进行运动。因此，信息流是否畅通、传递是否及时和准确是物流系统运转的关键，如图6-8所示。

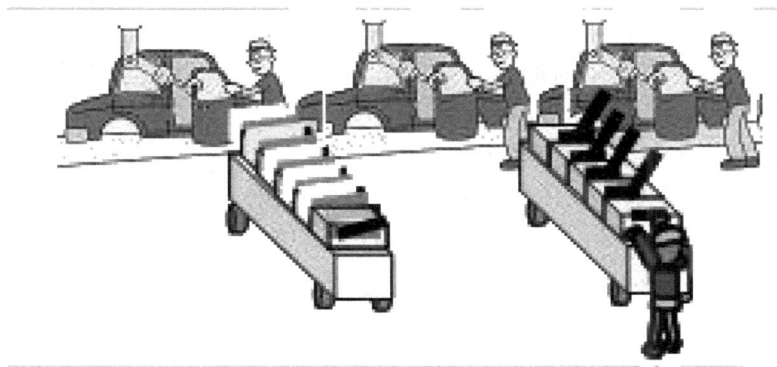

图 6-8 总装物流

1）物流是汽车装配必备的条件和前提。一辆汽车是由本厂生产的零部件及分布在全国各地制造厂家生产的千余种、数万个零件装配而成的。当这些零件全部集中到一起时，再按汽车装配顺序和生产节拍要求，将其送到相应的工位，然后才能装配成汽车。在这个过程中零件的准备并能够如期到达装配工位是通过运输来实现的，同时伴有包装、保管、装卸、搬运等物流活动的支持、配合与协作。

2）物流过程贯穿于汽车装配的全过程。物流对装配生产自始至终都起到既保证装配的速度、又保证质量的重要作用。物流是否顺畅，配合是否协调，都影响着汽车装配的速度和质量。由于物流不畅或者停滞，零件供应不上，或者不能按生产节拍的要求及时到达工位，将造成汽车装配停线，或延缓装车的速度。如果供应的零件在运输及保管过程中，出现磕碰、划伤，甚至变形，最终不仅影响产量，而且影响质量。人们在考虑提高产量和质量水平的时候，时刻关心物流的能力和水平的提高，千方百计使物流合理化。

3）物流技术与汽车装配既相互促进又相互制约。在日趋激烈的市场竞争中，一个企业一条线生产一种车型的方式不能满足生产的要求，一种新的装配技术（即多品种混流生产）取代了原有的传统做法，原有的输送系统，如桥式链、板式链等要作相应的改造。要求车身的输送系统与生产节拍同步，既能满足生产节拍的要求，又要做到有一定的储备，一种新的物流技术——积放式储运系统应运而生，该系统具有积放功能，又能保证有规律地供货。新的物流技术伴随着新的装配技术的发展而发展。

4）物流是可挖掘的"第三财源"。企业降低生产成本的途径有三个方面：原材料在成本中占有很大比重，企业下大功夫研究如何节约用材，合理用材，在满足工艺及产品质量要求的前提下，以廉价材料代替贵重材料等办法降低原材料成本方法被称为"第一财源"。在降低消耗的同时，以机械化、自动化代替繁重的体力劳动，稳定操作质量，防止人为事故的发生，以千方百计减少昂贵劳动力的消耗去增加效益的方法被称为"第二财源"。企业对降低物流费用，加速资金的周转，不断优化物流系统的做法（即物流合理化）被称为是可以挖掘的"第三财源"。

物流是汽车装配生产组织的重要手段。它不是一门孤立的学科，同生产、技术、质量、设备及人员的管理密切相关，是企业创造经济效益和社会效益的重要源泉。

企业物流与生产制造的关系主要表现在对企业生产周期的影响，若物流稳定畅通，则生产周期可能相对稳定且较短。若物流起伏不定，则生产周期的波动可能较大。在现今不少竞争激烈的行业里或者原材料的价格变化较为频繁的行业，对物流的快速响应要求表现得更为强烈，如IT制造业、通信行业等均如此。出于竞争的考虑，现今很多行业都趋于努力缩短生产周期并减少改变生产线的时间与费用，采用零库存方法进行存储与计划的公司更是如此。

（2）总装物流管理内容 汽车装配中的物流管理，主要包括零件的接收、储存、保管、供应以及装配过程中零件的上线计划，制订零件供应路线，运输车辆的配置及管理，计划变更的执行，装配服务各物流部门关系的协调等。因此，物流管理是指在装配生产中与汽车和其他物流活动进行的综合性业务管理。物流管理主要内容有：

1）编制各种零件供应计划。

2）各类人员（仓库、运输、现场管理人员）教育及业务培训。

3）集装器具制造计划及管理办法。

4）车间或仓库平面布置的改进。

5）控制和调整实际的物流活动。

6）分析、设计和改进物流系统。

7）研究为客户服务的水平，编制订货条件。

8）确定恰当的搬运方式和路线。

9）物流信息收集、整理和传输。

6.3.1　零件配送模式

近年来我国汽车制造企业的发展面临着巨大的挑战，一方面作为汽车的主要原材料的钢材价格持续增长，致使汽车制造的成本上升；另一方面，因为市场竞争以及自身的库存等压力，迫使汽车生产厂家降低价格。到 2007 年 2 月为止，几乎所有汽车开始大幅下调价格，幅度达 10% 以上。汽车制造业的利润一压再压，开始进入微利时代，大多数汽车企业开始将目光转向物流这个"第三财源"上来。这就要求汽车生产企业的供应物流不仅要满足生产需求的目标，而且还要以最低的成本、最少的消耗、最快的反应来适应变化。零件供应是汽车供应物流的重要组成部分，是被公认的物流系统良性运作并持续优化的最关键环节，零件的供应物流模式是汽车生产企业需要重点关注的问题。

1. 零部件供应分散

在零部件供应物流业务中，虽然有第三方物流开始介入，但大多数的零部件物流业务仍然由分散的社会物流承担，绝大多数的第三方汽车物流集中在整车销售物流。汽车工业的不断发展，促使汽车生产商不断努力改进生产模式，以适应市场竞争的步伐。所以，一些先进的生产方式也逐渐应用到日常的生产中，其中就包括 JIT 模式。整车生产厂为了实现零库存，要求零部件供应商按其生产节奏和生产需求量进行供货，由供货商或整车生产厂的供应部门实施"直送工位"的 JIT 配送，从而最大程度地降低了整车生产企业的风险。由于汽车的零件繁多，所以会有很多不同零配件的供应商，这些供应商往往分布在全国各地。

然而，受到地理空间和信息传递等方面限制，加之干线运输可靠性差的原因，位于若干公里以外的零部件供应商不得不通过在整车厂附近自建仓库、租用整车生产厂仓库或社会第三方仓库等方式，构造自己的仓储系统，把零部件暂时存放在仓库内，以便可以随时提供JIT 服务。因此，零部件供应商和相应的运输、配送环节，构成了层次繁多、结构复杂的采购供应物流体系。

2. 传统普通模式的弊端

运输路线上两点式运输居多，没有科学的运输规划方法，迂回运输、重复运输、对流运输经常发生，不能达到整个运输网络的整体优化，而且造成社会运力资源的严重浪费。

零部件供应商通过自建仓库、租用整车生产厂仓库或社会仓库等方式，构造自身的仓储系统，相当于把成品仓库前移至整车生产企业的生产线旁。在供应链中，仓库是整个采购供应物流体系中的关键节点，但由于这些仓库分属于不同的零配件厂，仓库条件、管理人员素质各异，管理难度非常大，起不到整车生产厂与零部件供应商之间的桥梁作用，相反却加重了零部件供应商的负担，成为采购供应物流系统的薄弱环节，同时也造成社会范围内的仓储资源浪费。

很多时候供应商一般或自行完成或委托运输公司完成干线运输，由于现阶段运输企业大多处在低水平的价格竞争阶段，在运输管理手段上没有先进的信息技术基础设施，无法为企业提供高质量的服务和全程跟踪服务，管理水平落后，并且干线运输的不可控性会导致零配件库存的进一步增加。

以上原因影响了汽车供应链的竞争力，严重制约了我国汽车产业的快速发展。

3. 零件配送模式的发展方式

随着精益生产方式的日渐推广，零件配送到线边朝着"小批量，高频次"的方向发展，主要有以下三种配送方式：

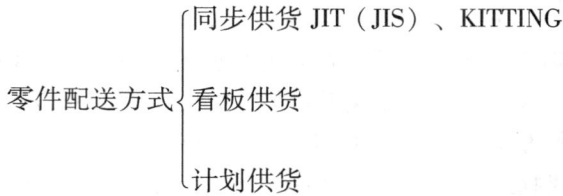

$$\text{零件配送方式} \begin{cases} \text{同步供货 JIT（JIS）、KITTING} \\ \text{看板供货} \\ \text{计划供货} \end{cases}$$

（1）同步供货　同步供货的优点是供销双方同步生产，库存最少，线边零件最少。缺点是对信息系统依赖性强，管理成本较高。主要适用于多品种多颜色混流生产，解决线边拥挤问题。另外一些尺寸较大或重量较大的零件，一般也采用这种供货方式，如座椅、轮胎、保险杠等，如图6-9所示。

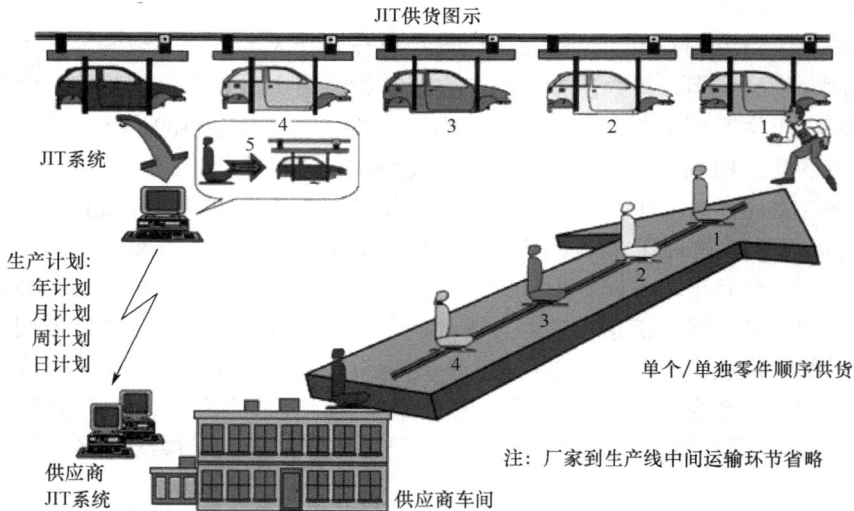

图6-9　顺序配送

还有一种同步供货方式，对减少线边库存及物料占用空间更有效，那就是台套式（KITTING）配送模式，一般适用于零件较小、重量较轻的线体，如内饰线，如图6-10所示。

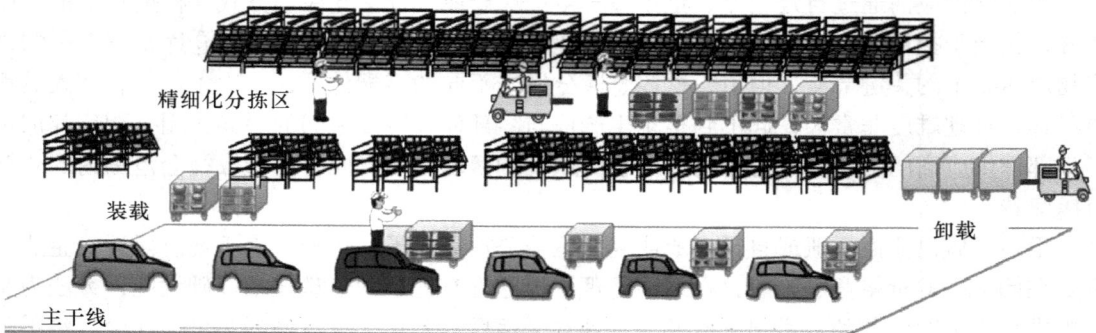

图6-10　台套式配送

（2）看板供货　看板是生产产品的供应者和消耗产品的用户之间的供应关系。如图6-11所示，看板的运行规则为：

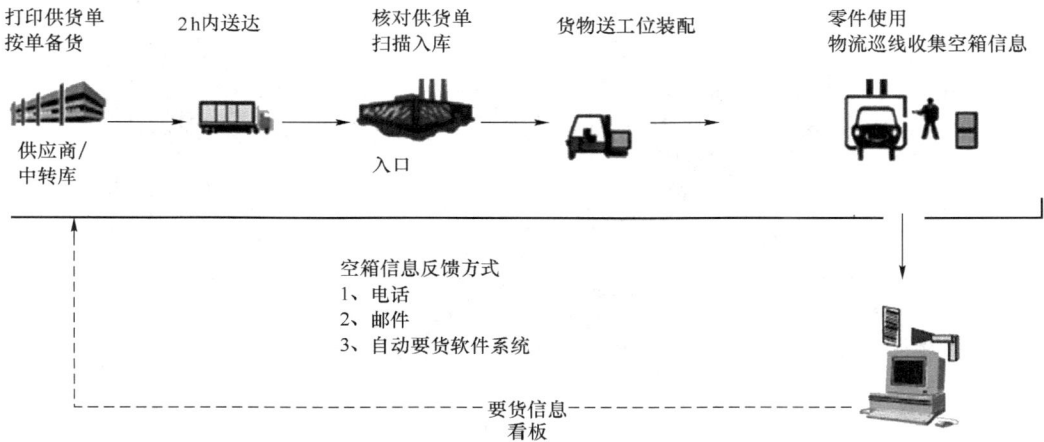

图 6-11　看板供货

1）消耗点至少有两个包装，用空一个包装返回仓库要货。新包装到达之前，另一个包装应能满足用户消耗需求。

2）一个包装有一张看板卡片，按卡片规定数量装载零件。

3）消耗拉动补充，下游拉动上游。

4）按看板卡片上的数量生产或发货。

5）用户消耗量变化时，看板返回节奏就会加快或减慢。变化大时要调整卡片数或包装容量。

看板的优点是自动循环，控制简单，不易产生缺件；对信息系统依赖性低，可实行手工管理；能有效减少库存，另外按需生产有利于优化库存，快速应变。供应者能了解用户的实际消耗数量和速度，有利于优化生产，建立供应者和用户的默契合作关系，不易缺件和多供。但看板供货也有一些缺点，主要是不能实行按计划限量发料。另外，生产线旁边摆放的零件多（至少两个包装），多品种、多颜色零件的装配工位易造成拥挤。

另外，看板运行要求零件上线必须定人、定车、定容器（定包装容量）、定路线，主要适用于大批量、消耗需求相对稳定的零件，例如紧固件等通用件。

（3）计划供货　计划供货是指主机厂提前滚动预告产量，供应商按月、周、日计划送货。生产线定时送货，线边定额储存，分区段定时补充（如 1h 补充一次），按计划限额发料，当发生停线时，送货时间往后顺延。主要适用于通用件、专用件等，如图 6-12所示。

计划供货的优点是有利于按计划限额发料，线边零件控制得较少，有利于运用信息系统实现物料计划自动生成和需求早期滚动预测。缺点是当计划预测条件（例如计划提前）发生变化时，易产生物流的中断或堆积。生产线供储表现为缺件或零件过多。仓库会有同样情况。另外供应者不了解用户消耗的数量和期限，容易多生产或少生产。

以上各种零件供应物流模式在选择时，需要综合考虑各种模式的利弊，使它们能够优势互补，兼要考虑成本、环保、保密性要求等因素。

图 6-12　计划供货

想 一 想 ▶

上述供货方式的优缺点有哪些?

6.3.2　线边物料管理

线边物料管理(见图 6-13)只有两个方面的问题:零件的归属管理和零件的摆放管理。一般来说,线边零件在没有安装前,都是属于供应商或第三方物流公司管理,包括零件摆放、零件质量保证、盘点等均由其管理。零件安装后即归总装管理。零件摆放在线边要符合"三定"原则(见图 6-14):定点、定量、定置,即每个零件都应有固定的摆放岗位(可以为多个岗位),每次摆放多少要明确,并做好标示,摆放的货架要进行定位。

图 6-13　线边库存

图 6-14　"三定"管理

6.3.3　物料异常应对

想 一 想 ▶

物料出现异常该怎么应对?

由于总装车间零件种类较多,而且绝大部分都是人工管理,难免出现异常,包括零件配送错误、缺件、零件不良等，针对这些异常需要物流人员与总装现场操作人员和管理人员密切配合，及时应对，减小对生产的不良影响。

　　发生异常时，对于总装现场操作人员来说，就要按照异常处理三原则操作：停线、呼叫、等待。即出现异常，马上停线，并呼叫班长，等待班长处理。对于现场管理人员来说要及时发现异常或接收员工的反馈，马上赶往线边处理异常。但这种方式总会导致停线，现在很多主机厂都设置了安灯系统，如图 6-15 所示。安灯主要由"呼叫""停止""恢复"三个按钮和指示灯构成，发现异常后按下"呼叫"按钮，指示灯会亮，但线体仍会继续运行；当按下"停止"按钮，指示灯会亮，但线体也马上停止运行；当按下"恢复"按钮，指示灯灭，线体也恢复运行。部分主机厂将"呼叫"按钮进行了优化，当按下"呼叫"按钮后，过了一定时间或距离，线体就会停止运行。这种方式能督促现场管理人员和物流人员快速地处理异常，减少停线。

图 6-15　安灯系统

　　对于物流人员来说，要及时掌握仓库及线边零件状况，如果零件有供应不足的风险，要及时通知相关人员配送。对于线边出现的异常，要及时赶到线边进行处理。另外，对于排序件，线边要设置一定的安全库存，以应对零件来料不良的风险。

本 章 小 结

　　汽车物流是指对汽车生产过程中的包装、流通加工、仓储、装卸搬运、运输、配送、物流信息等活动进行计划、组织和控制。物流管理的目的，就是为了使人、时、物得到合理的运用，以取得最佳的经济效果。总装物流容器包括标准塑料箱、专用塑料箱、金属料筐和专用料架。

　　一种零件采用何种包装方式一般取决于零件自身的性能及零部件厂与主机厂的距离。对于紧固件来说，一般零部件厂采用纸箱包装，送到主机厂后需要转换包装，换成标准塑料箱送到线边，一般纸箱不允许直接送到线边。对于部分塑料、橡胶材质的零件，采用专用料箱的方式配送。对于较重的金属件，一般采用专用的金属料筐配送。部分较小的金属件也有采用标准/专用料箱配送的。对于较大的零件或形状较为复杂的零件，一般采用专用料架的方式。

　　由于总装车间零件种类较多，而且绝大部分都是人工管理，难免出现异常，包括零件配送错误、缺件、零件不良等，针对这些异常需要物流人员与总装现场操作人员和管理人员密切配合，及时应对，减小对生产的不良影响。

复习思考题

1. 什么是汽车物流？
2. 总装物流容器有哪几种类型？分别用在什么场合？
3. 总装车间常用哪些包装容器？包装容器的选择根据什么来确定？
4. 目前零件的配送模式有几种？分别是什么？
5. 什么是物料异常处理的三原则？如何预防物料异常？

第7章 总装生产安全事项

学习目标 ▶

通过本学习情景的学习，你将做到：
1) 掌握汽车装配过程中危险源识别和监控方法。
2) 掌握汽车装配过程中场内生产、消防、交通安全重点。
3) 了解汽车总装车间职业病防护知识。

情景描述 ▶

2013年8月12日，某高校老师到汽车总装车间顶岗学习，来到了安装工装夹具的班组，因为迟到，时间仓促，就没有换防护鞋，直接穿着凉鞋进了车间。班长提醒一定要小心，知道自己这样是不安全的，所以该老师处处小心。半天过去了，安全度过。45min的中饭休息后，没有时间午休，又要继续顶岗，精神有些恍惚，班长让该老师休息，但是该老师认为有这样学习的机会不容易，不想耽误，继续做事。因为半天过去，已经对安装的工位比较熟悉，就没有注意那么多。在安装顶起发动机盖的工装夹具时，不小心，夹具掉落，只听"啊"的一声，该老师蹲下身用双手抱着脚，班长走过去，发现是掉落的工装夹具砸到了脚。

任务：请同学们根据以上案例，以小组为单位，学习和讨论关于总装生产安全的防护措施。并提出一定的意见和建议，完成以下任务：
1) 了解企业总装车间的安全防护措施。
2) 编制总装安全生产规范。

相关知识 ▶

想一想
1) 如何正确佩戴劳保用品？
2) 如何识别不安全行为和不安全状态？
3) 总装车间重点安全防范区域有哪些？
4) 总装安全及防护设备有哪些？

汽车总装车间为汽车装配、汽车加注以及产品车检测为主的区域。进入总装车间要主动看安全须知，如图7-1所示。

总装车间进入安全须知

佩戴安全帽、安全鞋等安全防护用品

禁止携带易燃易爆危险物品

走人行通道和斑马线，注意行进中的叉车和牵引车

禁止在加注区拨打手机，使用明火

紧急情况下，按照逃生指示撤离至最近的紧急集合点

图 7-1　总装车间进入安全须知

7.1　总装劳保用品简介

想 一 想 ▶

你所知道的劳保用品有哪些？

劳保用品正确佩戴能有力保障员工的身心健康。穿戴规定如图 7-2 所示，劳保用品主要有以下几种：

1. 头部防护（安全帽和防撞帽）

设备维修人员因为与机器设备接触，必须佩戴安全帽。

底盘工作人员因为在车下作业，头部有可能与移动的吊具和车体碰触，必须在普通工作帽内配置防撞帽，如图 7-3、图 7-4 所示。

2. 眼部防护（防护眼镜）

底盘工序车下操作者必须佩戴防护眼镜，目的就是防止扭力枪操作过程中铁屑等杂物飞溅到眼中伤害眼部，如图 7-5 所示。

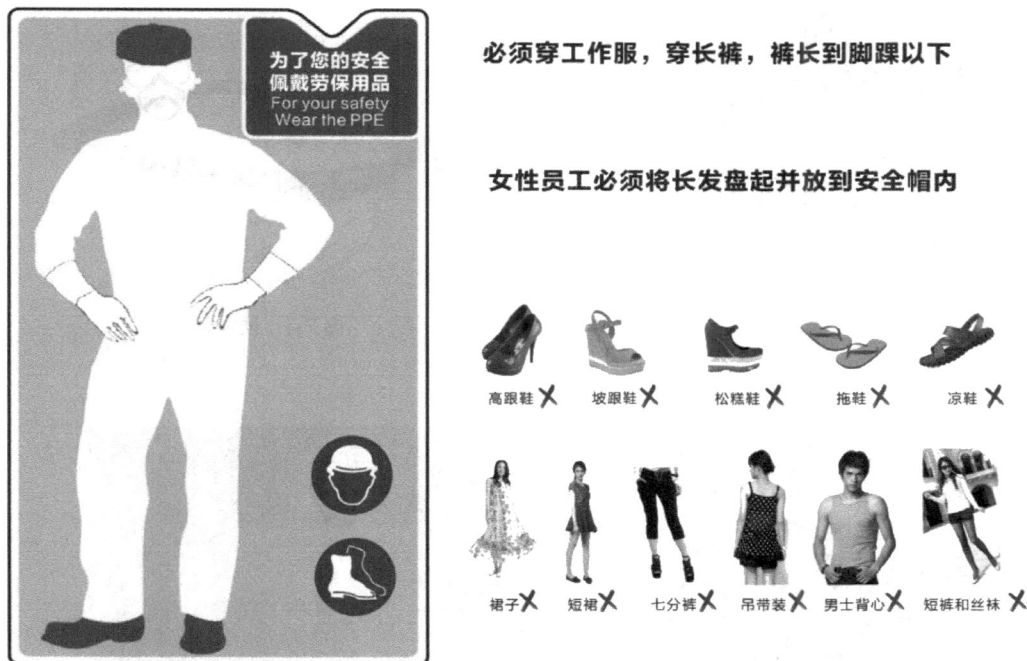

必须穿工作服，穿长裤，裤长到脚踝以下

女性员工必须将长发盘起并放到安全帽内

高跟鞋✗　坡跟鞋✗　松糕鞋✗　拖鞋✗　凉鞋✗

裙子✗　短裙✗　七分裤✗　吊带装✗　男士背心✗　短裤和丝袜✗

图 7-2　劳保用品穿戴规定

图 7-3　安全帽

　　加注工序操作者必须佩戴防护眼镜，目的就是防止加注液体过程中高压化学液体飞溅到眼部。

　　玻璃底涂工序操作者必须佩戴防护眼镜，目的就是防止有毒化学品气体侵蚀眼部。

3. 呼吸道防护

　　呼吸道防护用品主要包括防毒面具、清新口罩、防尘口罩，见图 7-6。玻璃底涂岗位人员应佩戴防毒面具，防止底涂化学品中含有氢化物等有毒气体侵入人体。玻璃涂胶岗位人员必须佩戴防护口罩，阻止一般化学品侵入。

　　汽车检测工序(含电气检测、四轮定位、转毂检测)需佩戴清新口罩，防止汽车尾气对人体侵蚀。

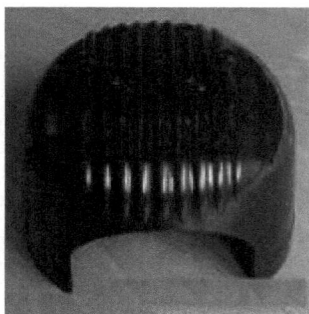

图 7-4　防撞帽

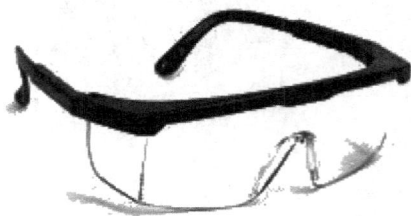

图 7-5　防护眼镜

a)

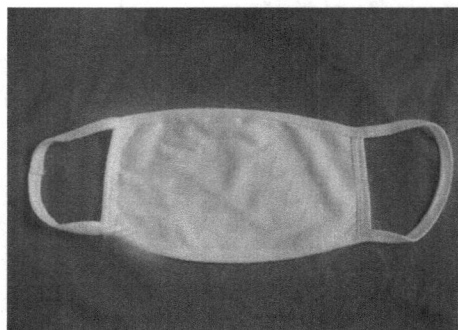

b)

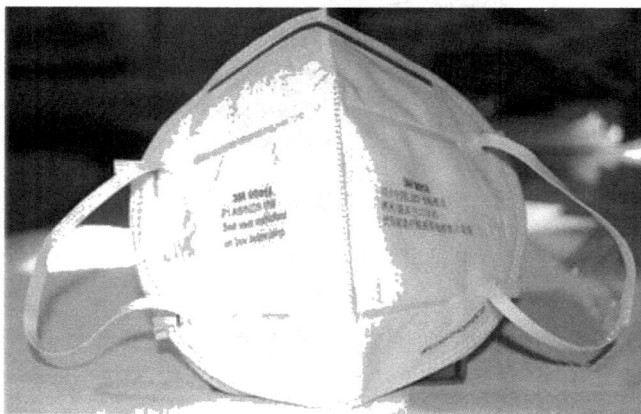

c)

图 7-6　呼吸道防护用品

a）防毒面具　　　b）清新口罩　　　c）防尘口罩

4. 手部防护

手部防护用品主要包括普通纱手套、防切割手套、防化胶手套，见图 7-7。汽车装配主要是靠人的双手完成工作，手部防护是最主要的，手部伤害也是最多的。总装所有岗位人员都必须佩戴相应手套。普通装配工序人员应佩戴普通纱手套，玻璃底涂、加注、加油脂等接触化学品岗位人员应佩戴防化胶手套。仪表盘装配工序、底盘等接触到钣金件工序的人员应佩戴防切割手套。

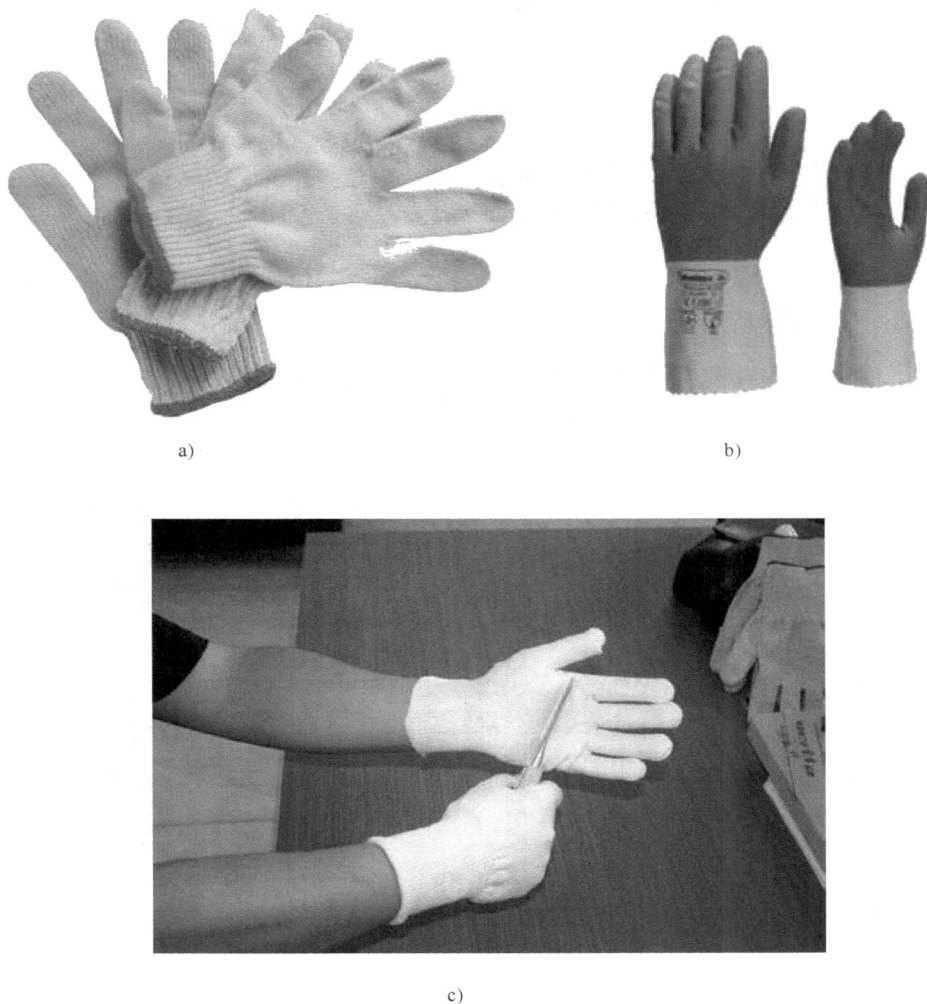

a)

b)

c)

图 7-7　手部防护用品
a）普通纱手套　b）防化胶手套
c）防切割手套

5. 脚部防护（安全鞋）

总装全部岗位人员要求穿安全鞋，如图 7-8 所示。

图 7-8　安全鞋

7.2　总装安全要点

　　总装车间面积大，人员多，安全隐患涵盖生产方面、消防方面、场内交通方面。总装车间疏散平面图如图 7-9 所示，下面就从这三个方面展开说明。

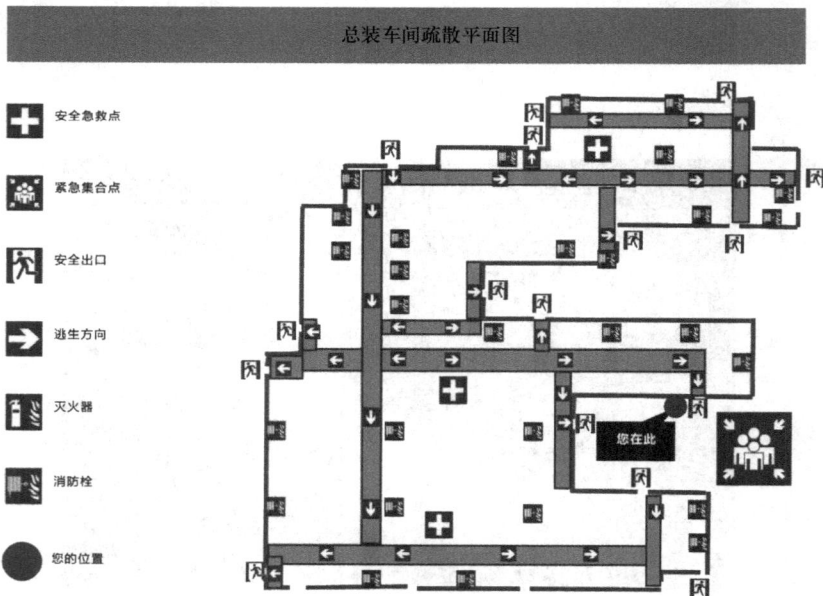

图 7-9　总装车间疏散平面图

7.2.1　生产安全

1. 安全生产管理制度

某汽车厂总装科安全生产管理制度见附录 D。

2. 设备安全配置

设备安全是本质安全的重要组成部分。总装的设备是以装配线为主体构成的，对此设备防护能有效保障员工的生命安全。设备防护主要分为机械防护和电气防护。机械防护采取网格围栏形式，电气防护主要采取电气联锁、急停等方式。下面就总装主线设备安全说明。

1）升降机、机器人区域安全门。每一个升降机均有安全栅隔离（见图 7-10），安全栅上配有安全门，安全门上装有安全门开关，安全开关信号接入区域控制柜（+HC_xx）安全输入模块中。升降机区域安全时，区域控制柜内的安全输出模块输出升降机的动力电源和动力控制电源。安全门附近设置有安全门操作控制盒，操作控制盒上设有紧急停止按钮；人员进入时，区域动力切掉。

图 7-10　安全栅隔离

2）安全光栅。升降机的出入口设有安全光栅（见图 7-11）。车身搬出时，安全光栅无效，人体异常侵入时，安全光栅动作，升降动力输出切断，升降机停止运行。安全光栅信号直接接入升降机控制区域的控制柜内的安全输入模块中。光栅附近设有光栅异常复位操作盒，光栅的异常复位需现场复位后方可解除异常信号，以确保异常侵入人员的生命安全。

图 7-11　安全光栅

大面积的安全确认时，需设置区域扫描仪（见图 7-12），如升降机内的作业操作（车门、座椅等），作业完人员是否已经离开危险区域的确认。区域扫描仪的信号直接接入区域控制柜内的安全输入输出模块中，由安全输出模块控制此区域的动力输出。

图 7-12　区域扫描仪

3）急停装置。工艺链空中输送段，每 20m 设置 1 个紧急停止按钮，并配置红色的柱灯（见图 7-13）。

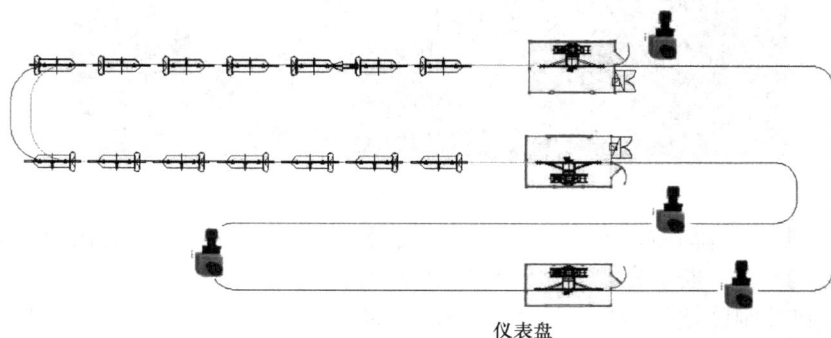

仪表盘

图 7-13　急停装置

升降机的驱动附近，设置紧急停止按钮，并设置红色柱状指示灯。板链的驱动、张紧附近设置安全紧急停止按钮，并设置红色柱状指示灯。积放链驱动处设置紧急停止按钮，并设置红色柱状指示灯。

4）拉绳急停开关。工艺段两侧 20m 设置一个拉绳急停开关，如图 7-14 所示，并设置红色的柱状指示灯。其信号接入区域控制柜内的安全输入模式。

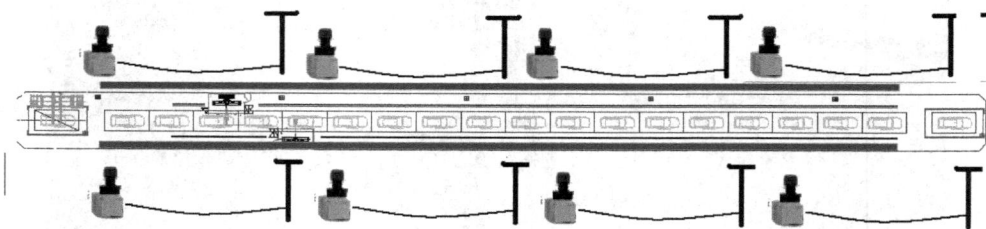

图 7-14　拉绳急停开关

7.2.2　总装消防安全要点

1）总装车间全车间禁止吸烟，消防重点区域为汽油加注区域。汽油加注区域禁止动火作业；禁止抽烟；禁止带火种；6m 范围内禁止打手机（见图 7-15）。

图 7-15　禁止标志

2）车间组建志愿消防队，当发现异常情况立即处理。

3）当发生泄漏或火灾时启动应急预案。

7.2.3　总装场内交通安全要点

总装车间内人员车辆都多，交通安全尤为重要。在车间移动的车辆有产品车、物流车、维修用叉车。

1）人车分流。车间内设有产品车道、物流车道和人行道，如图 7-16 所示。

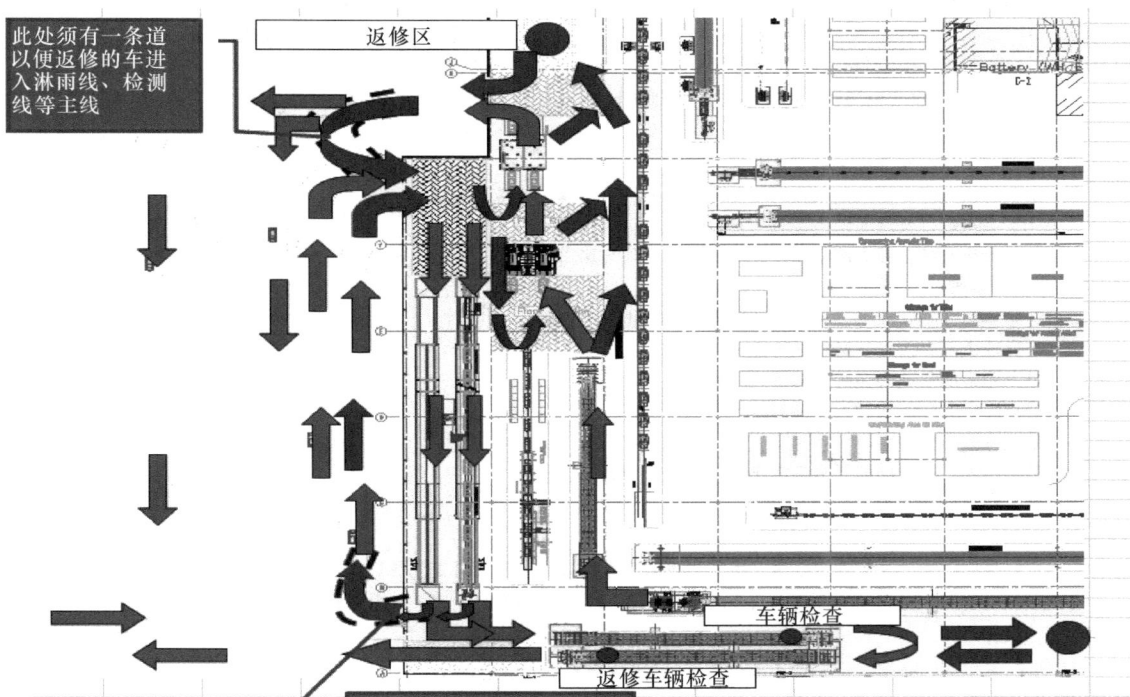

图 7-16　车间交通安全

2）产品车分为正常产品车和返修车，产品车按绿色线（浅色线）路行驶，返修车按红色线（深色线）路行驶。

3）场内车辆限速 5km/h。

7.2.4 总装车间场内交通安全管理规定

某汽车厂总装车间场内交通安全管理规定见表 7-1。

表 7-1 某汽车厂总装车间场内交通安全管理规定

1. 总则
为加强总装车间内部产品车以及返修车安全管理，防止和减少车辆碰撞，杜绝车辆伤人事故，保障员工安全，保障公司财产完好，制订此规定。凡在总装车间内活动的单位和个人，必须遵守此规定。
2. 车辆安全管理
此规定中的车辆包含在车间及车间四周活动的产品车和返修车。返修车的停放区域需用黄色线条定位，车辆停放返修必须在此区域内。产品车和返修车必须按要求的行车路线行驶：
产品车：终装二线末端──右转上电气检测线──四轮定位──转鼓测试──出西三门──进西二门──淋雨线──过绿标──出西一门。
返修车：A1 返修区为电气检测线问题车辆，出线后左转停放，检修完毕后直行上四轮定位。A2 返修区为转鼓和各生产线问题车辆，出线后左转停放，从底盘四工段中断物流通道通过后，右转过转鼓位置左转上返修区。检修完从西三门出进跑道。A3 返修区为跑道问题车，车辆从西二门进入放置，检修完毕从西三门出。A4 返修区为淋雨线问题车，车辆从西一门出，进入西二门停放，检修完毕后进入淋雨线。A5 返修区为绿标问题车及焊装涂装返修车区域，车辆在终装一二线间和终装二线和绿标线间物流通道移动。车辆在移动过程中不得随意停留，占据通道。
3. 车辆速度管理
车辆在无限速标志的厂内主干道行驶时，不得超过 30km/h，其他道路不得超过 20km/h。有限速标志的按标志速度行驶。在道口、交叉口、装卸作业时、人员密集场所、下坡段、设有警告标志处行驶以及掉头、转弯时应不得大于 15km/h。运载危险化学品时速度不得大于 15km/h。在结冰、积雪、积水时速度不得大于 10km/h。进出厂门、仓库、危险地段、加油站、生产现场时，速度不得大于 5km/h。
4. 车辆交接管理
1）各返修区域设立返修车辆交接制度。
2）生产工段送修车辆提出故障问题和外观标准后，返修人员签字确认。
3）无签字接收，发现问题由接收方负责。
4）返修人员及各工段内部多人移动车辆时，必须当场口头交接，否则出现外伤车由该范围工段长负责。
5. 驾驶人管理
1）产品车驾驶必须取得公司颁发的准驾证，禁止无证驾驶。
2）准驾证由本人保管，必须随身携带。
3）进入跑道的驾驶人还必须佩戴驾驶标志。
4）禁止酒后和醉酒驾驶。
5）禁止疲劳驾驶。
6）禁止超速驾驶。场内严格控制车速，不大于 5km/h。
7）车上禁止搭载无关人员。
6. 事故处理
1）发生车辆碰触以及伤人事故后，事故当事人应立即报告主管及科安全员。
2）事故发生后，主管及安全员必须及时赶到现场，采取措施及时处理，当出现伤人事故，需第一时间抢救伤员并报告安全保卫科。
3）事故发生后，必须实行"四不放过原则"，事故报表不能超过 24h。
4）对隐瞒不报者，事后查处将严肃处理。

7.3　总装车间危险辨识

总装车间承担汽车的电装、仪装、底部机械装配、内饰、外饰装配、复合及商品化整备等工作，以及发动机、车门、仪表板、保险杠、前后悬架等总成分装任务，同时还承担电子/电气、整车检测、调试、返修、路试等工作。可能产生的事故类型有机械伤害、车辆伤害、起重伤害、触电伤害、毒物伤害等。

7.3.1　机械伤害

1）机械手在操作运转区域都有隔离栏杆及电气联锁装置，正常生产情况下，一般不易发生机械伤害事故，但人员误入机械手工作区域、联锁装置故障也会发生机械手伤人事故。此外，机械手在检修特别是在调试过程中，由于安全防护装置关闭，人员在工作过程中可能发生机械伤害事故。

2）机械手会因供电系统掉电或油路故障导致被抓取物体自然坠落事故，如果附近有操作工人，很容易对人员造成伤害。

3）当机械手抓取玻璃时，由于吸盘抓取不牢固，玻璃坠落，可能导致周围操作人员伤亡。

4）压装机在工作过程中设有光栅保护装置，但保护装置一旦发生故障时，工人向压装机用手续料时，由于手离工作危险区很近，一旦发生意外情况（手未完全离开模区，冲模便下落），工人的手就会被压伤。此外，压装机在检修调试过程中，由于安全防护装置关闭，人员在工作过程中可能发生机械伤害事故。

5）地面运输链转角交叉处、与人接触处、地沟等地方可能夹伤人体。

7.3.2　车辆伤害

总装车间内有许多成品车辆、少量返修车辆行驶以及物流车辆、蓄电池车、叉车，在行驶过程中可能发生车辆伤害事故。主要危险因素如下：

1）小车运输速度过快，特别在转弯处没有减速，很容易对弯道处或十字交叉处行人造成撞击。

2）转弯处或交叉路口没有安置凸镜，人流和车流在弯道处不能事先看到对方，容易发生迎面撞击。

3）驾驶人违章操作或者没有取得驾驶合格证件而驾驶。

4）道路条件不好，如有障碍物体、地面湿滑、照度不够、人和车辆混行等。

5）车间内照度不够，照明设备损坏未及时修理，叉车驾驶人可见度低，导致车辆伤害。

6）车辆长期使用，发生故障而没有及时检修。

7.3.3　起重伤害

总装车间内有大量吊具（车身吊具、仪表吊具、车门吊具等）及起重机，因此在起重和运输零件过程中，可能发生起重伤害。

1) 悬架链系统由轨道、链条、导轮、驱动装置和吊具等组件构成。如果其组件中有一个出现故障或缺陷，可能会导致链条断裂而造成吊物打击伤害。

2) 起重机长期起重作业会使吊钩出现裂纹或断裂，如果对吊钩进行补焊，很容易产生起吊伤害，或者钢丝绳捻距内断丝数超过总丝数的10%。如果日常检查检测不到位，查不出事故隐患，容易使起重过程中重物坠落造成伤害。起重过程中由于物件捆扎不牢也会发生重物坠落伤人事件。

3) 车门玻璃升降机起重重物时，如常有超载现象，会使得钢丝绳长期受到过载而发生断裂，从而造成事故。

7.3.4　触电伤害

1) 机械手、压装机等电气设备在维修调试过程中，由于绝缘防护不当，可能会产生触电事故。

2) 在车辆电气设备装配、检测过程中，由于防护不当也可能发生触电事故。

3) 总装车间外贴建配电所、车间变电所，由于人员误靠、接地装置失灵、外壳带电、操作工人在检查或者维修过程中没有穿戴相应的防护用品，进而发生触电事故。

7.3.5　火灾爆炸

总装车间装配线供应柴油、汽油、变速器油及防冻液。由于柴油、汽油为易燃易爆化学品，油品在加装、输送过程中，一旦发生泄漏，遇到热源、明火、静电，就可能发生火灾甚至爆炸事故。此外，在返修区补漆间内存在油漆，油漆为易燃、易爆化学品，油漆在加装、喷涂过程中，一旦发生泄漏，遇到热源、明火、静电，就可能发生火灾甚至爆炸事故。

7.3.6　毒物伤害

1. 总装化学品

某总装车间常见危险化学品清单见表7-2。

表 7-2　某总装车间常见危险化学品清单

材料名称	使用线体	岗位号	涂抹部位	使用原因	线边最大存放量	备注
肥皂水	Trim 1	T1016L	天窗导水管	润滑	200mL	
肥皂水	Trim 1	T1017R	天窗导水管	润滑	200mL	
肥皂水	Trim 2	T3039F	空调密封板	润滑	200mL	
正庚烷	Trim 3	T3043F	车身	清洁	1箱(24瓶)	有毒、易挥发
正庚烷	Trim 3	T3043B	车身	清洁		
底涂 DOW5404	Trim 3	T3044F	车身	黏合	1箱(24瓶)	有毒、易挥发
底涂 DOW5404	Trim 3	T3044B	车身	黏合		
异丙醇湿巾	风窗玻璃涂胶线	044b	前后风窗玻璃	清洁	1箱(1800张)	有毒、易挥发
底涂 DOW5500	风窗玻璃涂胶线	044b	车身	黏合	1箱(24瓶)	有毒、易挥发
异丙醇湿巾	风窗玻璃涂胶线	050a	左右侧三角窗	清洁	1箱(1800张)	有毒、易挥发
底涂 DOW43555	风窗玻璃涂胶线	050a	车身	黏合	1箱(12瓶)	有毒、易挥发

（续）

材料名称	使用线体	岗位号	涂抹部位	使用原因	线边最大存放量	备注
凡士林	风窗玻璃涂胶线	—	玻璃胶桶	密封	2 瓶	
肥皂水	Chassis1	C1057R	密封塞	润滑	200mL	
肥皂水	Chassis1	C1059L	密封塞	润滑	200mL	
肥皂水	Chassis2	C2063BR	排气管前支架缓冲橡胶圈	润滑	200mL	
肥皂水	Chassis2	C2063BL	排气管前支架缓冲橡胶圈、消声器	润滑	200mL	
肥皂水	Chassis2	C2067FR	冷却液溢流罐导液管	润滑	200mL	
肥皂水	Chassis2	C2071FR	空滤总成基座、空滤器进气管	润滑	200mL	
肥皂水	Chassis2	C2071FL	散热器进液管	润滑	200mL	
酒精	Chassis2	—	内饰件	清洁	500mL	
肥皂水	FEM	FEM01	橡胶垫块	润滑	200mL	
肥皂水	FEM	FEM04	橡胶垫块	润滑	200mL	
冷冻机油	Chassis3	C3096F	冷媒加注枪头	润滑	500mL	
惠高指定润滑脂	Chassis3	C3096F	冷媒加注枪头	润滑	2 瓶	
DDCT 变速器油	Chassis3	C3097L	真空电磁阀软管	润滑	500mL	
肥皂水	Chassis3	C3099R	放泄阀导气管	润滑	200mL	
肥皂水	Final 1	F1110FR	放泄阀导气管	润滑	200mL	
肥皂水	Door	Dr02L	内挡水	润滑	200mL	
肥皂水	Door	Dr02R	内挡水	润滑	200mL	

易挥发化学品注意事项如下：

（1）种类　正庚烷、异丙醇湿巾、底涂。

（2）使用环境　恒温箱，配备抽风装置；蒸汽与空气混合物易爆，不能有明火、高温源。

（3）特殊劳保用品　防毒面罩、橡胶耐油手套、防护眼镜。

（4）储存注意事项

1）正庚烷、异丙醇。储存于阴凉、通风的库房，远离火种、热源，库温不宜超过 30℃，保持容器密封。

2）底涂。储存于阴凉、通风的库房，远离火种、热源，温度为 5～35℃，保持容器密封。

（5）中毒紧急处理方法

1）皮肤接触。脱去污染的衣着，用肥皂水和清水彻底冲洗皮肤。

2）眼睛接触。提起眼睑，用流动清水或生理盐水冲洗。如果佩戴隐形眼镜，请在冲洗 5min 后取下，然后继续用水冲洗眼睛，就医。

3）吸入。迅速脱离现场至空气新鲜处。保持呼吸道通畅。如呼吸困难，输氧。如呼吸停止，立即进行人工呼吸（尽可能使用保护装置），就医。

4）食入。若食入正庚烷、异丙醇，饮足量温水，催吐，就医；若食入底涂，就医，如无医生的指示，请勿催吐。

（6）灭火方法

1）喷水冷却容器。若有可能，将容器从火场移至空旷处；处在火场中的容器若已变色或从安全泄压装置中产生声音，必须马上撤离。

2）灭火剂。可用泡沫、二氧化碳、干粉、砂土，用水灭火无效。

2. 汽车尾气防护

（1）汽车尾气成分及危害　尾气是总装空气污染源，科学分析表明，汽车尾气中含有上百种不同的化合物，其中的污染物有固体悬浮微粒、一氧化碳、二氧化碳、碳氢化合物、氮氧化合物、铅及硫氧化合物等。一辆轿车一年排出的有害废气比自身重量大 3 倍。英国空气洁净和环境保护协会曾发表研究报告称，与交通事故遇难者相比，英国每年死于空气污染的人要多出 10 倍。

1）固体悬浮颗粒。固体悬浮颗粒的成分很复杂，并具有较强的吸附能力，可以吸附各种金属粉尘、强致癌物苯并芘和病原微生物等。固体悬浮颗粒随呼吸进入人体肺部，以碰撞、扩散、沉积等方式滞留在呼吸道的不同部位，引起呼吸系统疾病。当悬浮颗粒积累到临界浓度时，便可能会激发形成恶性肿瘤。此外，悬浮颗粒物还能直接接触皮肤和眼睛，阻塞皮肤的毛囊和汗腺，引起皮肤炎和眼结膜炎，甚至还可能造成角膜损伤。

2）一氧化碳。一氧化碳与血液中血红蛋白结合的速度比氧气快 250 倍。一氧化碳经呼吸道进入血液循环，与血红蛋白亲和后生成碳氧血红蛋白，从而削弱血液向各组织输送氧的功能，危害中枢神经系统，造成人的感觉、反应、理解、记忆力等机能障碍，重者危害血液循环系统，导致生命危险。所以，即使是微量吸入一氧化碳，也可能给人造成可怕的缺氧性伤害。

3）氮氧化物。氮氧化物主要是指一氧化氮、二氧化氮，它们都是对人体有害的气体，特别是对呼吸系统有危害。在二氧化氮浓度为 $9.4mg/m^3$ 的空气中暴露 10min，即可造成人的呼吸系统功能失调。

4）碳氢化合物。目前还不清楚它对人体健康的直接危害。但氮氧化物和碳氢化合物在太阳紫外线的作用下，会产生一种具有刺激性的浅蓝色烟雾，其中包含有臭氧、醛类、硝酸酯类等多种复杂化合物。这种光化学烟雾对人体最突出的危害是刺激眼睛和上呼吸道黏膜，引起眼睛红肿和喉炎。1952 年 12 月，伦敦发生光化学烟雾，4 天中死亡人数较常年同期多 4000 人，45 岁以上的死亡最多，约为平时的 3 倍；1 岁以下的约为平时的 2 倍。

5）铅。铅是有毒的重金属元素，汽车用油大多数掺有防爆剂四乙基铅或甲基铅，燃烧后生成的铅及其化合物均为有毒物质。城市大气中的铅 60% 以上来自汽车含铅汽油的燃烧。人体中铅含量超标可引发心血管系统疾病，并影响肝、肾等重要器官的功能及神经系统。由于铅尘比重大，通常积聚在 1m 左右高度的空气中，因此对儿童的威胁最大。

尾气在直接危害人体健康的同时，还会对人类生活的环境产生深远影响。尾气中的二氧化硫具有强烈的刺激气味，达到一定浓度时容易导致"酸雨"的发生，造成土壤和水源酸化，影响农作物和森林的生长。近 100 年来，温室效应已成为人类的一大祸患。冰川融化、海平面上升、厄尔尼诺现象、拉尼娜现象等都对人类的生存带来了极为严峻的挑战。而二氧化碳则是导致温室效应的罪魁祸首。

（2）预防措施　通过饮食调理来进行身体排毒，将汽车尾气带来的危害降到最低。身处尾气包围之中该如何通过饮食调理进行身体排毒，将汽车尾气带来的危害降到最低呢？

1）优质蛋白质。特别是含硫氨基酸（如半胱氨酸）丰富的蛋白质，如牛奶、豆浆中所含的蛋白质就可与铅结合形成不溶物，所含的钙可阻止铅的吸收。蛋白质不足可降低机体的排铅能力，增加铅在体内的滞留和机体对铅中毒的敏感性。

2）维生素 C。铅可促进维生素 C 的消耗，使维生素 C 失去生理作用，故长期接触铅可引起体内维生素 C 的缺乏。适量补充维生素 C，不仅可补足铅造成的维生素 C 损耗，减缓铅中毒症状，维生素 C 还可在肠道与铅结合成溶解度较低的抗坏血酸铅盐，降低铅的吸收，同时维生素 C 还直接或间接地参与解毒过程，促进铅的排出。柠檬、石榴、山楂、酸枣等都是很好的排铅水果。

3）维生素 E。适量补充维生素 E 可以拮抗铅引起的过氧化作用。维生素 E 在谷类、小麦胚芽油、棉籽油、绿叶蔬菜、蛋黄、坚果类、肉及乳制品中，均含量丰富。

4）维生素 D。补充维生素 D 可通过对钙磷的调节来影响铅的吸收和沉积。关于维生素 D，只要经常晒晒太阳，使人体中维生素 D 原转化为维生素 D 就足够了。

5）维生素 B。补充维生素 B1、B2、B6、B12 和叶酸等，对于改善症状和促进生理功能恢复也有一定的效果。其中维生素 B1 疗效尤为明显。谷类食物为维生素 B1 主要来源。维生素 B2 以动物内脏、蛋类、奶类中含量丰富。含有维生素 B6、维生素 B12、烟酸、泛酸和叶酸等食品：肝、肉类、牛奶、酵母、鱼、豆类、蛋黄、坚果类、菠菜、奶酪等。

由于铅在体内的吸收途径与钙、铁、锌可发生竞争，所以膳食中含钙、铁、锌丰富，就可以减少铅的吸收。最近科学研究还发现，有机硒和有机锗对铅也有一定的抵抗作用。含钙丰富的食物主要是奶及奶制品、虾米、豆及豆制品。含铁丰富的食物有：海带、动物肝脏、动物血、肉类、蛋类等，海产品含锌较高。

果胶、海藻酸和膳食纤维等多糖类大分子物质，其糖链上丰富的游离— OH 和— COOH 基团可与铅络合，形成难以吸收的凝胶，有效地阻止铅在胃肠道的吸收，起到促进排铅的作用。各种叶子菜都含有丰富的细膳食纤维，能满足肠胃不好人群补充膳食纤维所需。

科学证明，还有很多物质可以与铅结合，减少铅的毒性，减少铅的吸收。例如茶叶中的鞣酸可与铅形成可溶性复合物随尿排出，海带中的海藻酸能促进铅的排出，大蒜中的大蒜素可与铅结合成为无毒的化合物。面对纷繁的食物世界，有时候会不知所措，市面上的一些饮食指导类用书在用一大串食物名单把读者炸晕之后，往往又不能涵盖食物的全部。其实健康可以很简单，食物选择也不复杂，只要遵循膳食平衡、食物多样化的总原则，尽量多地摄取一些平时所提倡的金牌食品（如奶、蛋、蔬菜、水果、粗粮、水产品），完全可以自由发挥、灵活搭配，如果希望更科学，可以在营养师指导下或购买相关书籍，给自己制订一份个性化饮食方案。

（3）管理措施

1）人员管理。严格执行劳保用品穿戴。有尾气场合必须戴口罩。

2）设备措施。尾气收集装置：①A 类，尾气直接收集装置（见图 7-17），管道直接接到汽车排气管，用抽风机将尾气排出至车间外；②B 类，地面格栅式尾气收集装置

（见图7-18）。

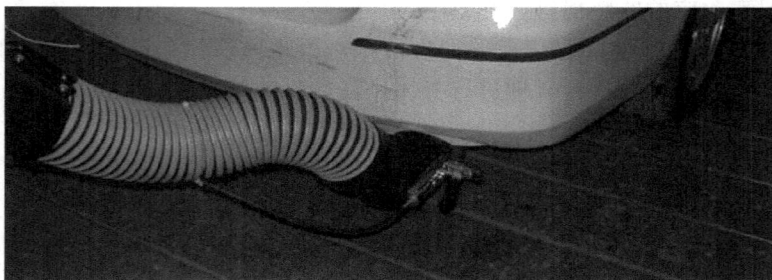

图 7-17 尾气直接收集装置

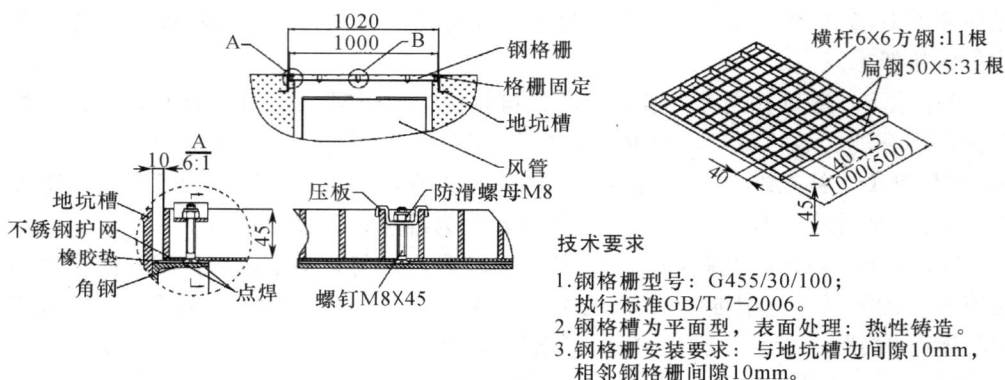

技术要求

1. 钢格栅型号：G455/30/100；
   执行标准GB/T 7—2006。
2. 钢格栅为平面型，表面处理：热性铸造。
3. 钢格栅安装要求：与地坑槽边间隙10mm，
   相邻钢格栅间隙10mm。

图 7-18 地面格栅式尾气收集装置

在车辆活动区域地下预埋管道，管道上配置大功率风机将车辆经过时排出的尾气抽走。

本 章 小 结

汽车总装车间为汽车装配、油液加注以及产品车检测为主的区域。进入总装车间一定要看安全须知。劳保用品正确佩戴能有力保障员工的身心健康。穿戴规定如图7-2所示，劳保用品主要有以下几种：

（1）头部防护 安全帽和防撞帽。

（2）眼部防护 防护眼镜。

（3）呼吸道防护 防毒面具、清新口罩、防尘口罩。

（4）手部防护 普通纱手套、防切割手套、防化胶手套。

（5）脚部防护 安全鞋。

总装车间面积大，人员多，安全隐患涵盖生产方面、消防方面、场内交通方面，各个方面都要特别注意，严格按照车间要求执行。

设备安全是本质安全重要组成部分。总装是以装配线为主体的设备构成，对此设备防护能有效保障员工的生命安全。设备防护主要分为机械防护和电气防护。机械防护采取网格围栏形式，电气防护主要采取电气联锁、急停等方式。

尾气是总装空气污染源，采取的措施有：

（1）人员管理 严格执行劳保用品穿戴。有尾气场合必须戴口罩。

（2）设备措施　尾气收集装置。

复习思考题

1. 总装车间劳保用品有哪些？如何正确佩戴？

2. 总装车间的安全隐患涉及哪些方面？有什么正确的预防措施？

3. 总装车间为了保护人员和设备安全，有哪些防护设备？

4. 总装车间有很多化学品，应该如何存放以保证安全？

5. 总装车间污染最大的是汽车尾气，那么对于总装车间的尾气是怎么处置的？

6. 如果你以后到了装配车间工作，应该注意哪些方面？

附　录

附录 A　某制造厂发动机分装线作业指导书

表 A-1　装配发动机左、右悬置总成

×××××××××××××××× ××××××××××××××××	总装作业指导书	产品型号	FC 系列	FCI-3292-××××
作业人员资格：培训合格后上岗	辅料名称：螺纹紧固胶、油漆笔	产品名称		共 1 页　第 1 页
			少量	工作环境
		工序类别	一般工序	自然环境

特性				操作要领	控制方法
分类	工步	序号	操作内容		自检/油漆标记

分类	序号	操作内容	设备/工装/工具 名称及型号 / 辅料规格	数量	操作要领	控制方法 / 异常处理方案
装配发动机左、右悬置总成						
取件	1	分别取 1 件发动机左悬置和 1 件发动机右悬置				自检/油漆标记
取工具	2	取气动扳手和力矩扳手				**异常处理方案** 1. 通知班长或者质量技术员 2. 在轿车装配调试检验责任卡上做好记录
安装	3	1. 装螺纹紧固胶涂在左、右边梁共 7 个螺纹孔内			装配前，先在位于机舱的螺纹孔内涂上适量的螺纹紧固胶	
		2. 用 3 件 M10×1.25×25 六角法兰面螺栓将发动机右悬置总成固定在右边梁上，拧紧力矩为 (52±5) N·m，合格后用油漆笔涂上绿色漆标	2115 气动扳手 3/8 套筒 13	1 1	本工序各力矩值必须符合工艺要求，紧固作先用气动扳手预紧，再用力矩扳手拧紧	
		3. 用 4 件 M10×1.25×25 六角法兰面螺栓将发动机左悬置总成按顺序预紧在左边梁上，拧紧力矩为 (52±5) N·m，合格后用油漆笔涂上绿色漆标（螺栓预紧与拧紧顺序见下图）	3/8 300mm 接杆 1/2 套筒 13 NB-100G 力矩扳手	1 1 1	用力矩扳手拧紧时，若螺栓未转动就听到"咔嗒"的一声，表明力矩值偏大，需反向松动螺栓后再按工艺要求拧紧	劳保用品

（续）

总装作业指导书	产品型号		FC 系列	FC1-3292-×××××
	产品名称		××××	
		共 1 页		第 1 页

×××××××××××××××××××××××××
×××××××××××××××××××

		编制（日期）	校对（日期）	审核（日期）	标准化（日期）	会签（日期）
标记	处数	更改文件号	签字	日期	标记	处数	更改文件号	签字	日期

表 A-2 装配洗涤壶带电动机总成和喷嘴总成

总装作业指导书		产品型号	FC系列	FCI-3292-× × × ×
× × × × × × × × × × × × × × × ×		产品名称	无	共2页　第1页
作业人员资格	培训合格后上岗	工序名称	装配洗涤壶带电动机总成和喷嘴总成	工作环境　自然环境
		辅料名称	无	控制方法　自检
		辅料规格		工序类别　一般工序

设备/工装/工具

名称及型号	数量	操作要领
电动扳手	1	
磁性套筒10	1	

特性分类	序号	工步	操作内容	异常处理方案
	1	取件	取1件洗涤壶带电动机总成, 软管带接头总成, 洗涤软管塑料固定卡和2件喷嘴总成	
	2	取工具	取电动扳手	1. 通知班长或者质量技术员
	3	安装	1. 装2件喷嘴卡到机盖对应孔位上	2. 在轿车装配调试检验责任卡上做好记录
			2. 将洗涤软管一端的两端接头分别接到机盖下部洗涤器喷嘴上, 并将软管自带卡子固定在机盖铰链上	
			3. 用3件M6×20六角头螺栓和平垫圈组合件将洗涤壶带电动机总成紧固到右前翼子板下侧	
			4. 将锁管沿右前翼子板后侧内部的孔腔穿下, 并用1件线束定位夹和2件洗涤软管塑料固定卡分别将其固定在机盖右侧第一圆孔内和前翼子板下部车身上	软管卡入洗涤壶左边卡槽内, 不弹出
			5. 将软管另一端连接到洗涤壶带电动机总成上, 并将软管卡入洗涤壶左边卡槽内	
	4	放工具	将工具放回原处	

劳保用品

编制(日期)	校对(日期)	审核(日期)	标准化(日期)	会签(日期)

标记	处数	更改文件号	签字	日期	标记	处数	更改文件号	签字	日期

表 A-3　装配冷却风扇调速电阻总成

	产品型号	FC 系列	FC1-3292-××××
总装作业指导书	产品名称	××××	共 1 页　第 1 页
辅料名称　油漆笔	辅料规格	绿色	工作环境　自然环境
作业人员资格　培训合格后上岗 ××××××××××××××××××××　××××××××××××××	设备/工装/工具	工序类别　一般工序	控制方法

特性分类	序号	工序名称 工步	操作内容	名称及型号	数量	操作要领	控制方法
	1	取件	取 1 件冷风扇调速电阻总成				自检·油漆标记
	2	取工具	取电动扳手				异常处理方案
	3	安装	1. 将冷却风扇调速电阻总成放置到机舱左边梁前端 2. 用 2 件 M6×16 六角头螺栓准垫、平垫组合件将冷却风扇调速电阻总成紧固到前翼子板下侧	电动扳手 磁性套筒 10	1 1		1. 通知班长或者质量技术员 2. 在轿车装配调试检验责任卡上做好记录
	4	放工具	将工具放回原处				劳保用品

编制（日期）	校对（日期）	审核（日期）	标准化（日期）	会签（日期）

标记	处数	更改文件号	签字	日期	标记	处数	更改文件号	签字	日期

表 A-4 安装空气滤清器谐振箱总成

× ×	总装作业指导书		产品型号	FC 系列	工序型号	FCl-3292-× × × ×
			产品名称	安装空气滤清器谐振箱总成	共 1 页	第 1 页
作业人员资格	培训合格后上岗	辅料名称	无	辅料规格	工作环境	自然环境
工序名称	安装空气滤清器谐振箱总成		设备/工装/工具	工序类别 一般工序		控制方法 自检

特性 分类	序号	工步	操作内容	名称及型号	数量	操作要领	异常处理方案
	1	取件	取 1 件空气滤清器谐振箱总成				
	2	取工具	取电动扳手				1. 通知班长或者质量技术员
	3	安装	1. 将空气滤清器谐振箱总成放置到左前翼子板前端下侧	电动扳手	1		2. 在轿车装配调试检验责任卡上做好记录
			2. 用 2 件 M6×20 六角头螺栓大平垫圈组合件及 1 件 M6 六角法兰面螺母将空气滤清器谐振箱总成紧固	磁性套筒 10	1		
	4	放工具	将工具放回原处			劳保用品	

					编制(日期)	校对(日期)	审核(日期)	标准化(日期)	会签(日期)

标记	处数	更改文件号	签字	日期	标记	处数	更改文件号	签字	日期

表 A-5　安装空气滤清器前进气管

总装作业指导书		产品型号	FC1-3292-××××	共 1 页	第 1 页
		产品名称	FC 系列	工作环境	自然环境
		辅料名称			控制方法
		辅料规格			自检/油漆标记
		设备/工装/工具	××××	一般工序	
作业人员资格	培训合格后上岗	工序类别			
工序名称	安装空气滤清器前进气管				

特性分类	工序号	工步	操作内容	名称及型号	数量	操作要领	异常处理方案	劳保用品
	1	取件	取 1 件空气滤清器前进气管					
	2	取工具	取电动扳手	电动扳手	1		1. 通知班长或者质量技术员 2. 在桥车装配调试检验责任卡上做好记录	
	3	安装	1. 将空气滤清器前进气管一端空出（在 C01 与空气滤清器总成口连接），另一端放置到机舱内左边梁及前横梁处 2. 用 1 件 M6×12 六角头螺栓和平垫圈组合件和 1 件底护板塑料按扣将空气滤清器前进气管紧固	磁性套筒 10	1			
	4	放工具	将工具放回原处					

编制（日期）	校对（日期）	审核（日期）	标准化（日期）	会签（日期）

标记	处数	更改文件号	签字	日期	标记	处数	更改文件号	签字	日期

附录 B   车门拆卸学习工作单

姓名		班级		学号		成绩	
日期		组号		共 4 页			
工单名称		前后车门附件的拆卸					
能力目标	1. 能正确识别前后车门附件的组成，熟悉各零件间的装配关系 2. 能正确使用车门的拆卸工具进行前后车门及附件的拆卸 3. 根据现场实际能正确进行前后车门及附件的拆卸						
设备、工具准备	车门及附件、维修手册、力矩扳手、常用拆装工具						
信息获取	根据维修手册和教材获取车门装配各工艺参数						

工
作
要
点
与
操
作

第一项内容——汽车车门结构认识

1. 写出图示前车门所标序号各零件的名称。

带电动车窗

●左侧前门维修孔盖

1. _____

2. _____

3. _____

4. _____

5. _____

6. _____

8. _____

9. _____

10. _____

（续）

<table>
<tr><td rowspan="20" style="writing-mode: vertical-rl;">工 作 要 点 与 操 作</td><td>

2. 写出图示后车门所标序号各零件的名称。

左侧电门车窗调节器电动机总成

5.5(56,49lbf·in)

◀ 左后门维修孔盖

1号后门装饰支架

| 1. _____ |
| 2. _____ |
| 3. _____ |
| 4. _____ |
| 5. _____ |
| 6. _____ |
| 7. _____ |
| 8. _____ |
| 9. _____ |
| 10. _____ |

</td></tr>
</table>

第二项内容——汽车车门的拆卸

1. 汽车车门拆卸前的检查

1）前门间隙的检查（检查各相关间隙的最大值和最小值）。

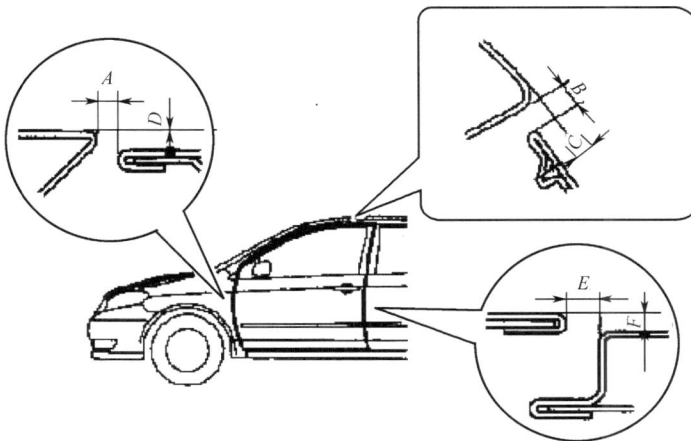

	A	B	C	D	E	F
最大值/mm						
最小值/mm						

（续）

2）后门间隙的检查（检查各相关间隙的最大值和最小值）。

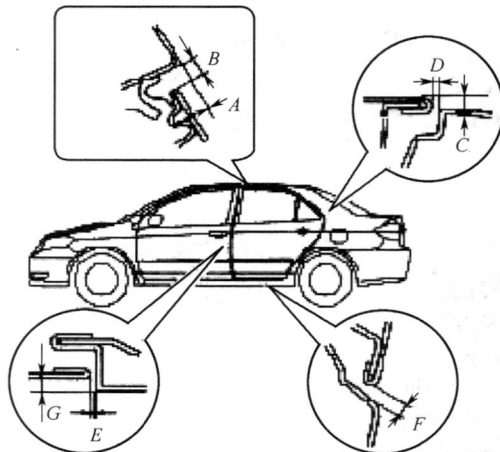

	A	B	C	D	E	F	G
最大值/mm							
最小值/mm							

3）车门功能性检查（故障现象直接填写在表格中）。

	左前门	左后门	右前门	右后门
车门开启情况				
玻璃升降器工作情况				
车门锁开启情况				

2. 汽车车门的拆卸（拆卸时注意零件的摆放及工具的使用）

1）汽车前门的拆卸步骤。

2）汽车后门的拆卸步骤。

3）车门附件的拆卸步骤。

工作要点与操作

附录 C　车门装配及装配工艺卡编写学习工作单

姓名		班级		学号		成绩	
日期		组号		共 4 页			
工单名称		车门及附件的装配及工艺卡的编写					
能力目标		1. 能正确使用相关工具进行车门及车门附件的装配 2. 根据现场实际和装配工艺要求编写前后车门的装配工艺 3. 能正确进行车门及附件装配的检查与调整					
设备、工具准备		车门及附件、维修手册、力矩扳手、常用拆装工具					
信息获取		根据维修手册和教材获取车门装配各工艺参数					
工作要点与操作	**第一项内容——装配现场的认识** 1. 已有的装配工艺设备有哪些？ 2. 已有的装配工具有哪些？ 3. 已有装配车间的生产面积及装配工位数是多少？						

（续）

工 作 要 点 与 操 作	**第二项——分析产品结构及装配要求** 1. 分析产品结构，明确主要零、部件间的装配关系。 明确车门附件在车门上的装配位置，各零件之间的连接关系。 2. 分析并审查产品的装配工艺性。 3. 分析并审核产品的装配精度要求和验收技术条件。 确定车门附件装配后的状态，确定玻璃升降器及车门锁正常使用的情况和要求。 4. 确认装配中的技术关键及装配技术要求。 明确各装配螺钉的装配转矩值，明确各装配工具的使用方法及要求。 **第三项内容——汽车车门附件的装配与调整** 1. 划分装配单元 2. 选择装配基准 3. 确定装配顺序 4. 明确装配工序，确定装配设备和装配技术要求

（续）

<table>
<tr><td rowspan="1">工
作
要
点
与
操
作</td><td>

5. 按技术要求和装配顺序装配汽车车门附件。

6. 填写装配工艺卡，按图样要求将装配工艺卡做好。

第四项内容——汽车车门的装配

1. 汽车车门的装配顺序

2. 汽车车门间隙的调整

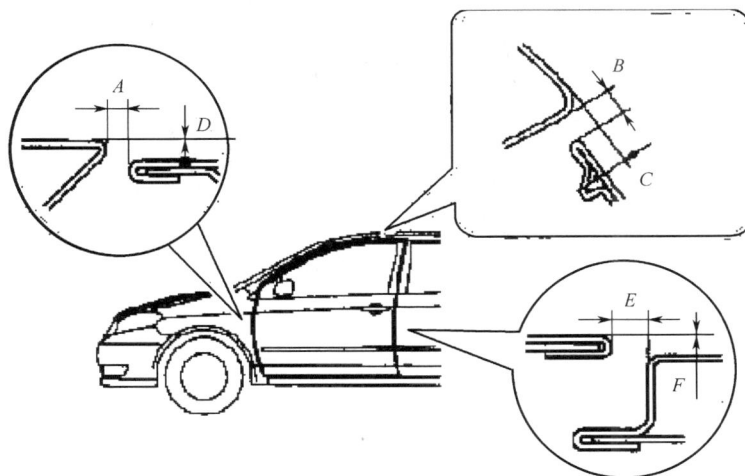

（1）前门间隙标准（应不大于标准值）

各间隙	标准值	各间隙	标准值
A	（5.0 ± 1.5）mm	D	（0 ± 0.5）mm
B	（1.9 ± 1.5）mm	E	（5.5 ± 1.5）mm
C	（5.5 ± 1.5）mm	F	（0 ± 0.5）mm

</td></tr>
</table>

（续）

工 作 要 点 与 操 作

（2）后门间隙标准（应不大于标准值）。

各间隙	标准值
A	(5.0±1.5)mm
B	(5.0±1.5)mm
C	(0.0±0.5)mm
D	(5.0±1.5)mm
E	(5.5±1.5)mm
F	(6.0±1.5)mm
G	(0.0±0.5)mm

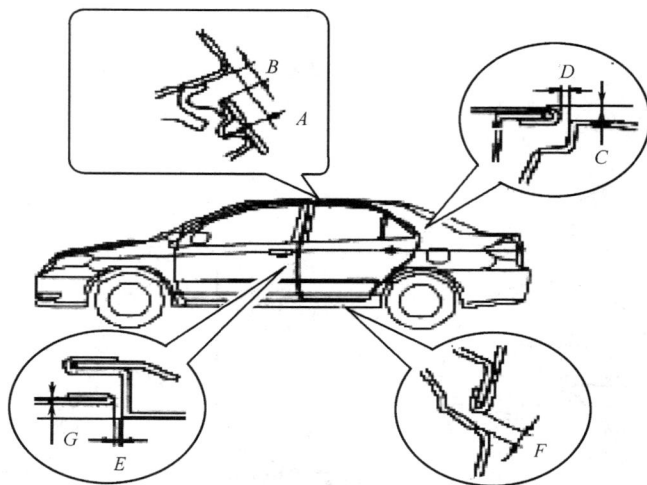

（3）车门调整的描述

3. 车门功能性检查（故障现象直接填写在表格中）

	左前门	左后门	右前门	右后门
车门开启情况				
玻璃升降器工作情况				
车门锁开启情况				

附录 D　某汽车厂总装科安全生产管理制度

总装科安全生产管理制度(试行)

1. 总则

1) 凡在总装科管理范围内从事生产经营活动有关的单位和个人，必须遵守本制度。

2) 安全管理的基本方针："以人为本、预防为主、时时事事讲安全"。

3) 安全管理的基本原则：管生产必须管安全。即科长对安全生产工作全面负责；组长、工段长对本管辖范围的安全生产工作全面负责；员工对自己及工作区域的安全生产负责。

4) 总装科建立安全生产管理网络，各级安全员具体负责推进各项安全工作，负责各范围安全培训、安全检查监督、组织安全活动开展、事故申报等。

2. 安全生产责任制

各级人员安全管理责任如下：

(1) 科长

1) 对本科的安全生产负直接责任。

2) 保证在安全的前提下组织开展各项工作，不违章指挥。指导本科室员工合理安排生产作业计划和工作计划，不断改善工作场所的劳动条件和作业环境。

3) 组织制订本科室各岗位安全操作规程，编制本科室安全工作计划措施，并组织实施。

4) 每月对本科室涉及安全的工作场所等进行定期安全检查，发现事故隐患及时消除，保证设备设施、工业卫生设施处于完好状态。

5) 督促、检查、教育员工认真遵守公司的各项安全生产管理规定，严格特种作业持证上岗。

6) 对本科室的安全防火进行经常性的检查，发现事故隐患及时消除，保证各使用的特种设备、办公设备、实验和检查设备、电子仪器及其他生产设施处于完好状态。

7) 发生工伤事故，配合医护人员组织抢救，保护事故现场，协助安全管理部门对事故进行调查分析，并提出处理建议和改进措施，防止事故的重复发生。

8) 加强对本科室安全员的领导，经常听取汇报，积极支持并指导其开展工作。

9) 组织开展本科室群众性的安全生产合理化建议，发挥群众智慧，改善劳动条件，建立本科室良好的安全生产秩序。

10) 检查督促本科室劳动保护用品的正常使用，审核本科室劳动保护用品、易耗品用量计划。

(2) 组长(工段长)

1) 对本组、本工段安全生产负直接责任。

2) 不违章指挥安排生产，合理调配工作岗位。

3) 每周组织安全点检，发现隐患及时组织整改。坚持周安全例会。

4) 组织开展班组级安全教育，积极配合科安全活动开展和推进。

5) 发生安全事故，坚持"四不放过原则"，防止事故重复发生。

6) 加强对组、工段安全员的领导，经常听取汇报并指导其开展工作。

(3) 总装科专(兼)职安全员

1) 积极宣传、认真贯彻公司有关安全生产的各项规章制度以及上级有关安全生产的工作指示和安排，协助本科(工段)领导做好安全生产管理工作。

2) 接受公司安全部门的业务指导，积极参加安全部门组织的安全活动和业务会议，向安全部门如实反映有关安全生产情况，提出改进安全工作的建议，并负责组织、指导本科(工段)开展经常性的安全活动。

3) 做好对新员工的安全教育，建立和健全本科(工段)的安全检查、安全教育、事故登记等各项安全生产工作制度。

4) 进行经常性的安全巡视，制止违章作业。发现危及人身财产安全事故隐患时，有权责令停止操作，并及时报告安全保卫科和有关领导进行处理。

（续）

5）参加事故的调查分析，对事故进行登记，报告安全部门，协助制订事故预防措施，做好事故处理方面的有关工作。

6）教育本科（工段）员工遵章守纪，爱护和正确使用各种设备、工具和防护装置，督促员工正确使用劳动保护用品。

（4）员工

1）贯彻执行公司各项安全生产管理制度，认真学习和遵守安全生产操作规程，不断提高安全操作技能。

2）做好交接班工作，并做到不违章、不冒险作业，确保自身和他人安全。

3）正确使用和爱护设备、工具和各种安全设施，合理使用个人劳动保护用品，搞好作业环境和5S工作，做到文明生产。

4）班前班中要随时检查工具、机器设备、电气及作业环境的安全情况，发现不安全因素应及时处理或向领导报告。

5）有权拒绝违章指挥。

6）爱护各种消防器材，非因灭火需要，禁止乱触、乱摸或擅自挪用。

7）注意交通安全，不违章驾驶。

8）听从安全员的安全指导，积极参加公司或本部门、科室组织的各种安全活动。

9）关心安全建设，积极提出改善安全生产的合理化建议。

10）发生事故和危险时，采取应急措施，防止事态扩大，并设法及时抢救受伤人员，尽快向领导报告，同时做好事故现场的保护工作。

3. 安全作业守则

（1）作业前的准备

1）员工上岗前必须经过"三级"安全教育，考核合格才能上岗。

2）进入车间作业场所，必须按规定穿戴好劳动保护用品。操作旋转机床严禁戴手套。车间内禁止穿露趾鞋、露跟鞋和高跟鞋。

3）操作前，应检查设备和工作环境，排除故障和事故隐患，确保设备安全防护、信号联锁装置齐全、灵敏、可靠，方可正式操作。新安装的设备、新作业场所及经过大修或改造后的设施，需经安全验收后，方准进行生产作业。

（2）作业场所的安全要求

1）搞好作业环境的卫生，保持厂区、作业场所、库房的安全通道畅通。

2）现场物料堆放整齐、稳妥、不超高，及时清除工作场地散落的尘土、废料和工业垃圾。

3）安全防护、监测信号、照明、警戒标志、防雷接地装置，不准随意拆除或非法占用。消防器材、灭火工具不准随便动用，其安放地点周围，不得堆放无关物品。

4）禁止在工作场所内追逐、喧哗、打闹、玩手机或做与本人工作无关的事情。

5）汽油加注岗位禁止明火，6m范围内禁止打手机和对讲机。

6）对易燃易爆、有毒有害和腐蚀性等物品，必须分类妥善存放，并设专人管理。

（3）作业过程管理

1）严格按作业规程进行作业。

2）工作中，应集中精神、坚守岗位，未经允许，不准丢下工作离开岗位。

3）凡运转的机械设备，不准跨越及触及运转部位。未经批准禁止登上网格平台。

4）行人要走指定通道，注意警示标志，严禁贪图方便跨越危险区，严禁攀登吊运中的物件，以及在吊物、吊臂下通过和停留，严禁从行驶中的机动车辆爬上、跳下、抛卸物品。

5）修理机械、电气设备，必须停机停电，并在动力开关处挂上"有人工作、严禁合闸"的警示牌，必要时设人监护。警示牌必须谁挂谁摘，并确认无人检修时方准合闸。

6）所有机动车辆，必须持证驾驶，叉车行驶时不准搭人（因叉车司机培训或叉车检修需搭人，应经安全部门批准）。

7）作业过程中如有出现设备故障或其他异常状况，必须遵守"停止、呼叫、等待"原则，首先停止设备运行，其次呼叫通知设备维修人员、安全员，然后等待相关人员处理。

（续）

（4）紧急情况

1）发生工伤事故或设备事故，应及时制止事故扩大，并进行抢救或抢修，同时立即报告领导和安全部门。

2）严格交接班制度，重大隐患必须记入值班记录，下班前必须断开电源、气源，熄灭火种，检查清理场地。

4. 安全监督

（1）安全生产例会

1）总装科实行安全生产例会制度。

2）科每月组织召开一次安全生产会议，总结前月安全状况，安排次月安全工作开展。参加人员：科、组（工段）两级安全责任人和安全员。

3）组（工段）每周一次安全例会。总结布置一周安全工作。

4）各类安全生产例会应做好会议记录。

5）安全考核每月一次。

（2）安全生产检查

1）为增强职工的安全意识，杜绝违章指挥、违章作业、违反劳动纪律现象的发生，及时消除事故隐患，确保安全生产，必须加强各级安全生产检查。

2）安全生产检查应以查思想、查制度、查措施、查隐患、查教育培训、查安全防护、查机械设备、查操作行为、查劳保用品使用、查伤亡事故处理等为主要内容。

3）科安全检查应以定期安全检查为主，每周组织一次。参加人员有各工段长、组长、安全员。工段长以上人员每月至少参加一次。

4）各组（工段）应每天对本范围的生产设备、易燃物品、电气设施、工作环境、职业危害因素及消防通道等进行安全点检，发现隐患及时整改，并做好记录。

5）各级安全检查结束后，要认真全面系统地进行分析、总结和评价，要针对检查中发现的问题，制订整改措施，落实整改，并将整改、复查情况及时反馈到相关部门。

5. 安全事故管理

工伤事故管理

1）公司对工伤事故实行统一管理。

2）工伤事故报告应采取快报方式，逐级完成。事故现场负责人（或现场目击者）应在事故发生后，立即用电话、电传等最快方式，向公司安全保卫科或公司领导进行报告。

3）发生伤亡事故的单位应保护好事故现场，并迅速采取必要的抢救措施，抢救人员和财产，防止事故扩大。因抢救人员、疏导交通等原因必须移动现场物件时，必须做出标志、绘制现场简图、拍照或录像、写出详细书面记录，妥善保存现场重要痕迹、物证，方可移动现场物件，待调查组确认调查取证完毕，充分记录后，方可清理现场。

4）不得对事故隐瞒不报，不得拒绝、阻碍、干涉事故调查工作，不得在事故调查中玩忽职守、徇私舞弊或打击报复。

5）对造成重大经济损失或不良社会影响，虽未造成人员伤亡的事故，按伤亡事故上报和查处，不得隐瞒不报。

6）事故调查完毕，对事故调查组提出的处理意见和防范建议，由发生事故单位负责落实与处理。

参考文献

[1] 陈心赤，丁伟．汽车装配工艺编制与质量控制[M]．重庆：重庆大学出版社，2011．

[2] 战权理．汽车装试技术[M]．北京：北京理工大学出版社，2008．

[3] 宁建华．汽车知识小百科[M]．北京：机械工业出版社，2012．

[4] 华健．现代汽车制造工艺学[M]．上海：上海交通大学出版社，2008．

[5] 海争平．汽车总装技术[M]．北京：机械工业出版社，2013．

[6] 赵巍．现代轿车总装车间工厂设计[J]．工程建设与设计，2002(2)．

[7] 王正通，邝志伟．五菱专用汽车总装车间生产线的设计[J]．装备制造技术，2010(7)．

[8] 刘强，王匀．汽车装配工艺规划及相关技术的探讨[J]．黑龙江科技学院学报，2001(2)．

[9] 王仲钦．现代汽车制造厂总装车间工艺设计[J]．机械制造，2003(4)．

[10] 许小侠，杨君武，韩英淳．基于并行工程的轿车新车型总装工艺过程的规划设计[J]．汽车工程，2008(2)．

[11] 高洪．6 - 3 - 3 并联机器人机构学理论与应用研究[D]．合肥：合肥工业大学，2007．

[12] 李晓梅．基于供需网的汽车制造供应商选择评价及协同对策研究[D]．天津：天津大学，2007．

[13] 张颖利．汽车制造企业生产物流的系统分析与优化[D]．南京：南京林业大学，2005．

[14] 钟渭．基于 RSVIEW 组态的汽车总成跟踪系统[D]．南昌：南昌大学，2010．